MW01711755

Η τέχνη της αποδέσμευσης

Αποδεχτείτε την αβεβαιότητα και ζήστε μια πλήρη ζωή

Dan Desmarques

22 Lions

Η τέχνη της αποδέσμευσης: Αποδεχτείτε την αβεβαιότητα και ζήστε μια πλήρη ζωή

Γράφτηκε από τον Dan Desmarques

Ευρετήριο

Εισαγωγή

Σε έναν κόσμο γεμάτο αβεβαιότητα και χάος, το να βρεις εσωτερική δύναμη και να ζήσεις μια γεμάτη ζωή μπορεί να μοιάζει με ανυπέρβλητη πρόκληση. Το βιβλίο Η τέχνη της αποδέσμευσης: Αποδεχόμενοι την αβεβαιότητα και ζώντας μια πλήρη ζωή είναι ένας ολοκληρωμένος οδηγός που προσφέρει πρακτικές συμβουλές και βαθιές ιδέες για να σας βοηθήσει να περιηγηθείτε στις πολυπλοκότητες της σύγχρονης ζωής. Αυτό το βιβλίο δεν αφορά μόνο την επιβίωση- αφορά την ευημερία μπροστά στις αντιξοότητες. Ο συγγραφέας αντλεί από την τεράστια προσωπική του εμπειρία και τη βαθιά πνευματική του κατανόηση για να προσφέρει έναν οδικό χάρτη για να αγκαλιάσετε την αβεβαιότητα και να ζήσετε μια ζωή με σκοπό και νόημα.

Στο βιβλίο Η τέχνη του να αφήνεσαι: Αποδεχόμενος την αβεβαιότητα και ζώντας μια γεμάτη ζωή, θα ανακαλύψετε:

- Τη δύναμη της φαντασίας και της πρόθεσης για να δημιουργήσετε τη ζωή σας.

- Στρατηγικές για να απελευθερώσετε το πλήρες δυναμικό σας και να περιηγηθείτε στους τέσσερις κύκλους της συνείδησης.

- Πώς να κατανοήσετε και να ξεπεράσετε το σκοτάδι στη ζωή σας.

- Τη σημασία της εμπιστοσύνης στο μονοπάτι σας και της αποδοχής της ομορφιάς της αποδέσμευσης.

- Το πραγματικό νόημα της αφθονίας και του πνευματικού ταξιδιού.

Αυτό το βιβλίο είναι κάτι περισσότερο από ένας οδηγός- είναι ένα ταξίδι αυτογνωσίας και μεταμόρφωσης. Αποδεχόμενοι την τέχνη της απελευθέρωσης, θα βρείτε την εσωτερική δύναμη να αντιμετωπίσετε την αβεβαιότητα, να ξεπεράσετε τις προκλήσεις και να ζήσετε μια ζωή με σκοπό και ολοκλήρωση.

Κεφάλαιο 1: Η επιρροή των μυστικών κοινωνιών

Παρόλο που πολλοί πόλεμοι στην ιστορία έχουν ξεκινήσει από άτομα που ήταν μέλη μυστικών εταιρειών, όπως ο Επαναστατικός Πόλεμος στις ΗΠΑ, ο Πόλεμος για την κατάργηση της δουλείας και οι Ναπολεόντειοι Πόλεμοι, πρέπει να αναγνωριστεί ότι υπήρχαν και μασόνοι που πολέμησαν εναντίον αυτών των πολέμων. Υπάρχουν εντάσεις και διαφωνίες μεταξύ των μυστικών εταιρειών.Ένα κλασικό παράδειγμα είναι οι Ροδόσταυροι, οι οποίοι εμφανίστηκαν και εξαφανίστηκαν σε όλη τη διάρκεια της ιστορίας. Κανένα από τα παρακλάδια τους δεν μοιράζεται την ίδια φιλοσοφία με τις αρχαίες ομάδες, αν και το ισχυρίζονται. Αντίθετα, πρόκειται για ανεξάρτητες ομάδες που ξεκίνησαν χωρίς προηγούμενη σχέση μεταξύ τους, αλλά χρησιμοποιούν το ίδιο όνομα και τα ίδια βιβλία ως έμπνευση. Αυτό έχει οδηγήσει κάθε ομάδα να ισχυρίζεται ότι είναι η αληθινή ροδοσταυρική ομάδα. Αλλά στην πραγματικότητα, είναι όλες ψεύτικες, καθώς ο καθένας μπορεί να ξεκινήσει τη δική του ροδοσταυρική ομάδα. Είναι ενδιαφέρον να σημειωθεί ότι όλοι ισχυρίζονται ότι είναι οι πιο σημαντικοί και οι πιο πιστοί στην κληρονομιά τους, αλλά από ό,τι έχω δει, τίποτα από αυτά δεν είναι αλήθεια.Η Σαηεντολογία, μια σχετικά νέα μυστική κοινωνία, είναι επίσης ένα καλό παράδειγμα των προκλήσεων που προκύπτουν όταν ανήκεις σε αυτές τις ομάδες. Είχα κάποια προβλήματα όταν ασχολήθηκα μαζί τους, επειδή το επίπεδο των γνώσεών μου ήταν ανεπίσημα το υψηλότερο, αλλά επίσημα ένα από τα χαμηλότερα. Αυτό δείχνει απλώς το επίπεδο μυστικότητας και ιεραρχίας που κυριαρχεί σε αυτές τις οργανώσεις. Κανονικά, οι άνθρωποι φοβούνται αυτούς που δεν θα έπρεπε να γνωρίζουν αυτά που γνωρίζουν. Θεωρούν τους εαυτούς τους ανώτερους και δεν μπορούν να καταλάβουν γιατί κάποιος που δεν είναι μέλος της οργάνωσής τους να γνωρίζει περισσότερα από τα μέλη τους στις υψηλότερες θέσεις.

Έχω δει την ίδια συμπεριφορά στους Ροδόσταυρους και στους Μασόνους. Και παρόλο που μπορούσα να την αγνοήσω, δεν μπορούσα να αγνοήσω τις προκλήσεις και τις συνέπειές της, τους φόβους της που ακολουθούνται από προσβολές και τον φθόνο της που ακολουθείται από δυσαρέσκεια. Ήρθε μια στιγμή που συνειδητοποίησα ότι δεν θα μπορούσα να είμαι μέλος σε καμία μυστική κοινωνία, απλώς και μόνο επειδή όλες είναι ψεύτικες. Καμία από αυτές δεν υποστηρίζει τις ηθικές και πνευματικές αξίες που ισχυρίζονται ότι ακολουθούν.

Η συντριπτική πλειοψηφία των μελών είναι άτομα με πολύ σκοτεινές ψυχές, που κατατρώγονται από μίσος και μνησικακία. Στην πραγματικότητα, οι μυστικές κοινωνίες δημιουργήθηκαν ακριβώς για να κρατήσουν αυτές τις προσωπικότητες μακριά, και τώρα αποτελούν το σύνολο αυτών των ομάδων, με ελάχιστες εξαιρέσεις.

Με άλλα λόγια, αυτές οι ομάδες αποτελούνται από τους ίδιους τους ανθρώπους από τους οποίους θα έπρεπε να προστατεύονται, και ένα τίμιο ξεκαθάρισμα των κακών μήλων θα απέκλειε τόσα πολλά μέλη που πιθανώς θα έπαυαν να υπάρχουν ως οργάνωση. Στην πραγματικότητα, αυτές οι ομάδες επιβιώνουν από δωρεές, οπότε καταλήγουν πάντα να είναι περισσότερο προσανατολισμένες στο χρήμα παρά στην ηθική.

Το ερώτημα γιατί τόσοι πολλοί ισχυροί άνθρωποι συμμετέχουν σε αυτές τις ομάδες απαντάται από μόνο του, επειδή είναι αφοσιωμένες στη δική τους επιβίωση, πράγμα που σημαίνει ότι δέχονται τους πιο ισχυρούς ανθρώπους που μπορούν να πληρώσουν τις συνδρομές των μελών και τα πολλά κοστούμια που πρέπει να φορούν στις γιορτές τους.

Αυτό που πρέπει να γίνει κατανοητό είναι ότι οι διδασκαλίες αυτών των μυστικών εταιρειών δεν διαφέρουν τόσο πολύ από τις επίσημες χριστιανικές ομάδες. Όλες επιδιώκουν την ίδια γνώση, αν και με τη δική τους ερμηνεία. Και στον σύγχρονο κόσμο, δεν υπάρχει πραγματικά κανένα μυστικό, καθώς τα περισσότερα βιβλία και διδασκαλίες είναι εύκολα προσβάσιμα.Είναι σημαντικό να συνειδητοποιήσουμε ότι υπήρχε λόγος για τη μυστικότητα στο παρελθόν, αλλά σήμερα έχει διαφορετικό σκοπό. Σήμερα, μερικοί άνθρωποι αυτοαποκαλούνται μυστικοπαθείς μόνο και μόνο για να αισθάνονται ξεχωριστοί, ενώ στην πραγματικότητα δεν υπάρχει τίποτα το ιδιαίτερο σε αυτούς. Αντίθετα, το πραγματικό πρόβλημα στον σημερινό κόσμο είναι ότι οι έχοντες την εξουσία δεν αισθάνονται πλέον την ανάγκη να κρύβουν τις προθέσεις τους. Οι ηγέτες του Παγκόσμιου Οικονομικού Φόρουμ, για παράδειγμα, μιλούν ανοιχτά για την επιθυμία τους για μια νέα τάξη πραγμάτων και δείχνουν το πρόσωπό τους χωρίς φόβο. Όλοι οι οπαδοί θέλουν ένα κομμάτι από την ίδια πίτα: εξουσία, απεριόριστο πλούτο και πόρους, φήμη ή κύρος. Θα πρέπει λοιπόν να το ονομάσουμε ανθρώπινο πρόβλημα και είναι σημαντικό να επικεντρωθούμε στο παρόν αντί να χανόμαστε στις περιπλοκές των μυστικών εταιρειών του παρελθόντος.

Οι συνωμοσίες στις οποίες θέλουν να εστιάσουν κάποιοι άνθρωποι είναι απλώς περισπασμοί. Δεν είναι τόσο οργανωμένες όσο θέλουν να πιστεύουν οι άνθρωποι και συχνά οι εμπλεκόμενοι είναι άθεοι.

Κεφάλαιο 2: Οι Ιλλουμινάτι και η επιρροή τους

Οι πραγματικοί Ιλλουμινάτι, οι οποίοι ήθελαν οικουμενικές αλήθειες που θα μπορούσαν να εφαρμοστούν σε όλες τις πτυχές της ζωής και να κάνουν τους ανθρώπους καλύτερους, δεν υπάρχουν πλέον. Οι συνωμοσίες γύρω από αυτούς είναι αναμφισβήτητα πραγματικές, αλλά δεν υπάρχουν σήμερα. Εκείνοι που ισχυρίζονται ότι ανήκουν σε αυτή τη γενιά είναι σε μεγάλο βαθμό άχρηστοι, μη δημιουργικοί και ανεπιθύμητοι σε πολλές πτυχές της προσωπικότητάς τους.

Ωστόσο, αν και δεν είναι μεγάλη πρόκληση να δημιουργήσουμε μια θρησκεία ή μια κοινωνία που να είναι εντελώς διαφορετική από την εγωιστική και ανήθικη στάση απέναντι στην πνευματικότητα που βλέπουμε σε πολλές ομάδες σήμερα, και πολλοί λένε ότι είμαι προορισμένος να ηγηθώ της μεγαλύτερης θρησκείας του κόσμου, δεν είμαι σίγουρος ότι είμαι έτοιμος να αναλάβω μια τέτοια ευθύνη. Ο κόσμος είναι γεμάτος τρέλα και μερικές φορές το μόνο που θέλω είναι μια ήσυχη ζωή σε ένα νησί με μια γάτα, όπως συνέβη πρόσφατα στην Ελλάδα.

Οι άνθρωποι τείνουν να βλέπουν τα πράγματα μέσα από συναισθηματικούς φακούς, αλλά εκείνοι που έχουν λιγότερη επίγνωση των περιορισμών τους συχνά καταλήγουν στα πιο γελοία συμπεράσματα.

Τα τελευταία χρόνια, παρατηρώ αυτή την τάση αρκετά τακτικά σε μια εποχή γεμάτη δεδομένα που είναι διαθέσιμα στα χέρια μας- ωστόσο, η ταχύτητα επεξεργασίας των πληροφοριών μου έχει αυξηθεί δραματικά, ενώ άλλοι άνθρωποι απλώς περνούν περισσότερο χρόνο διασκεδάζοντας στα μέσα κοινωνικής δικτύωσης ή βλέποντας μουσικά βίντεο παρά ασχολούμενοι με τις ίδιες τις ιδέες.Στην αρχή, δεν ήμουν ποτέ σε θέση να συνδεθώ με τους ανθρώπους με διαφορετικό υπόβαθρο που συναντούσα, αλλά αυτό το χάσμα διευρύνθηκε με την πάροδο του χρόνου. Με τις περισσότερες γνώσεις έρχεται μεγαλύτερη δυσκολία στην επικοινωνία, αλλά δεν φαίνεται να έχει να κάνει με τις γνώσεις- είναι περισσότερο θέμα στάσης παρά γνώσης.

Δυστυχώς, όσο λιγότερα καταλαβαίνεις, τόσο περισσότερες υποθέσεις κάνεις γι' αυτό που δεν καταλαβαίνεις, οπότε η εντύπωσή μου για τους ηλίθιους ανθρώπους ήταν πάντα εύκολο να βρεθεί ανάμεσα σε εκείνους που έχουν στερεότυπα και ανακριβείς υποθέσεις ή που φαίνονται παραληρηματικοί και ψυχωτικοί - δημιουργώντας μια γενική αίσθηση αποξένωσης από την κοινωνία.

Μπορεί να είναι ανησυχητικό όταν δεν πιστεύουν τίποτα από όσα λες, ούτε καν το όνομά σου, αλλά αυτό το φαινόμενο φαίνεται να γίνεται όλο και πιο διαδεδομένο, καθώς όλο και περισσότερα άτομα φαίνονται ανίκανα να αντιληφθούν οτιδήποτε έξω από τα νοητικά τους πλαίσια, καθιστώντας την επικοινωνία τίποτα περισσότερο από μια ακόμη παράσταση κοινωνικού θεάτρου. Εν τω μεταξύ, τα γεγονότα φαίνεται να έχουν πολύ λιγότερη σημασία.Μια άλλη πτυχή αυτού του φαινομένου είναι ότι όταν έρχεστε αντιμέτωποι με εκείνους που δεν ξέρουν τι δεν ξέρουν, υποθέτουν ότι αυτός που ξέρει τι δεν ξέρει είναι τρελός. Είναι μια δυσάρεστη αλήθεια της κοινωνίας ότι εκείνοι που αποκαλούν τους άλλους τρελούς περισσότερο φαίνεται να είναι οι πιο επιρρεπείς στο να αντανακλούν τη δική τους ψυχική κατάσταση. Έτσι, έχει γίνει πρόκληση να συζητάμε οτιδήποτε στις μέρες μας, όταν τόσο λίγοι ενδιαφέρονται να κατανοήσουν ή να συζητήσουν οτιδήποτε καινούργιο - οι περισσότεροι άνθρωποι με τους οποίους έρχομαι σε επαφή φαίνονται απρόθυμοι ή και εχθρικοί στο να μάθουν οτιδήποτε καινούργιο για αυτόν τον πλανήτη στον οποίο ζούμε.Αυτές οι παρατηρήσεις δεν είναι όλες αρνητικές, καθώς υπάρχουν άτομα που αμφισβητούν τις υποθέσεις τους και είναι ανοιχτά σε νέες έννοιες, αλλά αυτά τα ίδια άτομα είναι συχνά τόσο τραυματισμένα που προτιμούν να αποφεύγουν τον εαυτό τους. Ο φόβος της συζήτησης και της ανταλλαγής απόψεων έχει εσωτερικευτεί σε τέτοιο βαθμό που φοβούνται να σκεφτούν.Καθώς ο παγκόσμιος κόσμος μας εξελίσσεται, η αντίληψη και η επικοινωνία παραμένουν βασικά στοιχεία για την κατανόηση του άλλου και του περιβάλλοντος στο οποίο ζούμε. Είναι ζωτικής σημασίας να αμφισβητούμε τους εαυτούς μας και τις υποθέσεις μας, παραμένοντας ανοιχτοί σε νέες έννοιες- στη συνέχεια να μοιραζόμαστε γνώσεις, εμπειρίες και προοπτικές για να αποκτήσουμε μια πραγματική κατανόηση του εαυτού μας και των πάντων γύρω μας - μόνο τότε μπορούμε να συνειδητοποιήσουμε πραγματικά ποιοι είμαστε ως άτομα σε σχέση με την κοινωνία ως σύνολο.

Κεφάλαιο 3: Κατανόηση της δημιουργικής δύναμης

Υπάρχει μια ισχυρή δύναμη μέσα στον καθένα μας - η φαντασία μας. Και αυτή η δύναμη συνδέεται με τις ιδέες για τον θεϊκό, παντογνώστη Θεό. Πώς όμως μπορούμε να αξιοποιήσουμε αυτές τις ιδέες και να τις χρησιμοποιήσουμε για να διαμορφώσουμε τη ζωή μας;

Αυτό είναι το αίνιγμα που συχνά μας προβληματίζει, επειδή πρόκειται για έναν συνδυασμό τριών στοιχείων:

1. Συγγένεια με την πραγματικότητα που μας περιβάλλει.

2. Η επικοινωνία ή οι υποθέσεις για την επικοινωνία που έχουμε με τους άλλους.

3. Η δυνατότητα να φανταστούμε ή να ξαναφανταστούμε τη ζωή που θέλουμε να ζήσουμε.

Μέσα από τις παρατηρήσεις μου σε διάφορους ανθρώπους, έχω συνειδητοποιήσει ότι όλοι ακολουθούν ακριβώς το μονοπάτι που θα έπρεπε, επειδή όλα στη ζωή τους αντανακλούν αυτό που πιστεύουν ότι μπορούν να επιτύχουν με βάση τη στάση τους. Ακόμα και αν κάποιος αντιστέκεται στο μονοπάτι του, καταλήγει να βρίσκει περισσότερη ευτυχία και ευημερία όταν συμμορφώνεται με τις δικές του πεποιθήσεις. Επομένως, αυτό που βιώνει κανείς δεν είναι ποτέ τόσο σημαντικό όσο αυτό που ελπίζει να βιώσει.

Με αυτή την έννοια, η αποδοχή είναι εξίσου σημαντική με την απόρριψη, επειδή μπορείτε να επιλέξετε να αποδεχτείτε αυτό που έχετε ή να το απορρίψετε προκειμένου να αγκαλιάσετε κάτι καλύτερο. Αλλά μια από τις πιο επιζήμιες διδασκαλίες που πολλοί προωθούν είναι η ιδέα ότι πρέπει απλώς να βρίσκεστε στο τώρα και να αποδέχεστε αυτό που έχετε. Οι άνθρωποι που προσπαθούν να μειώσουν τους φόβους και τα άγχη τους δέχονται αυτή τη διδασκαλία ως αλήθεια, ενώ στην πραγματικότητα θα έπρεπε να επιταχύνουν τις προσπάθειές τους να βρουν καλύτερες απαντήσεις μέσα από άλλα μονοπάτια.

Το να αποδέχεστε μια δυσάρεστη κατάσταση θα ήταν σαν να αποδέχεστε την πείνα επειδή, κατά κάποιο τρόπο, εσείς την προκαλέσατε. Αυτό είναι απάθεια! Και επειδή οι περισσότεροι άνθρωποι είναι τόσο κοντά στη συχνότητα του θανάτου, αποδέχονται κάθε συμβουλή που αντανακλά την αποδοχή. Και αυτός είναι ο λόγος για τον οποίο οι χειρότεροι δάσκαλοι στον κόσμο είναι οι πιο δημοφιλείς. Στην πραγματικότητα, είναι ειρωνικό το γεγονός ότι οι άνθρωποι πιστεύουν ότι όποιος διδάσκει το αντίθετο είναι λάθος.

Η δυνατότητα για αλλαγή είναι η πιο σημαντική ανθρώπινη ικανότητα και προέρχεται από το δημιουργικό μυαλό. Ό,τι μπορούμε να φανταστούμε, μπορούμε να το έχουμε. Και όταν φανταζόμαστε μια συζήτηση με τον άλλο μας εαυτό που ζει τη ζωή που θέλουμε, μπορούμε να πάρουμε ιδέες από αυτόν τον άλλο εαυτό και να τις εφαρμόσουμε στην τρέχουσα πραγματικότητά μας. Στην πραγματικότητα, ο εγκέφαλός μας δεν έχει την ικανότητα να καταλάβει το δικό του παιχνίδι. Το παρελθόν, το παρόν και το μέλλον δημιουργούνται ταυτόχρονα και το παρόν αλλάζει το παρελθόν, όχι μόνο το μέλλον.

Αλλάζουμε συνεχώς και μπορούμε να μετατοπίζουμε τη συνείδησή μας στο χρόνο και μεταξύ παράλληλων πραγματικοτήτων. Αλλά η εξήγηση αυτών των εννοιών με απλούς όρους ξεπερνάει τις δυνατότητές μας, καθώς και την ικανότητα του εγκεφάλου να κατανοεί και να επεξεργάζεται με σαφήνεια τις πληροφορίες.

Ο μόνος τρόπος για να υπερβούμε τους περιορισμούς μας είναι να οραματιστούμε αυτό που θέλουμε να βιώσουμε, γιατί μόνο τότε ο εγκέφαλος θα αναπτύξει τις συνάψεις που ευθυγραμμίζονται με τον σκοπό που δημιουργήθηκε.

Ξέρω ότι αυτό είναι αλήθεια γιατί το έχω κάνει πολλές φορές. Όταν αναλύω τις δυνατότητες ενός καλλιτέχνη, συνδέομαι με το μυαλό του. Αυτό δεν έχει να κάνει με ζήλια ή φθόνο, που είναι το ακριβώς αντίθετο από την επίτευξη αυτού που θέλετε, αλλά με μια συνέργεια μοτίβων σκέψης και προθέσεων. Μπορώ να δω τι προσπαθούσε να κάνει ο άλλος καλλιτέχνης ή συγγραφέας και επίσης πώς σκεφτόταν και γιατί. Μπορώ να εμβαθύνω στα συναισθήματα και τις προθέσεις τους. Και παρόλο που πολλοί άνθρωποι που δεν έχουν επίγνωση αυτών των πραγμάτων ισχυρίζονται ότι αυτό είναι αδύνατο, η αλήθεια είναι ότι όταν αναπτύσσετε ενσυναίσθηση και θαυμασμό για τους άλλους, οδεύετε προς τη σωστή ακριβώς κατεύθυνση.

Πιστεύω ότι όταν ο Θεός σχεδίασε τα όντα σε διάφορους γαλαξίες, σκόπευε να ακολουθήσουμε ένα συγκεκριμένο εξελικτικό πρωτόκολλο για να αποφύγουμε τη στασιμότητα και την αυτοκαταστροφή. Αυτό το πρωτόκολλο δείχνει ότι μπορείτε να εξελιχθείτε μόνο μέσω του θαυμασμού, της συμπόνιας, της ενσυναίσθησης και της αγάπης. Αν αισθάνεστε φθόνο και μνησικακία προς εκείνους που γνωρίζουν περισσότερα από εσάς, οι αισθήσεις σας θα απενεργοποιηθούν και θα μπορείτε να αφομοιώσετε μόνο αντιγράφοντας και αναπαράγοντας τυφλά πληροφορίες. Και αυτή είναι η κατάσταση της τεράστιας αδέσμευτης πλειοψηφίας.

Είναι λοιπόν γεγονός, πρώτα στη θεωρία και σε σχέση με τον πνευματικό κόσμο και μετά στην πράξη και σε σχέση με τον φυσικό κόσμο, ότι αν δεχτείτε την πίστη, την αγάπη και τον θαυμασμό, μπορείτε να πετύχετε τα πάντα. Το να εκτιμάς, να αγαπάς και να θαυμάζεις τον Θεό στη δημιουργία Του θα σε οδηγήσει φυσικά σε περισσότερη σοφία και καλύτερες ευκαιρίες, επειδή αυτή η στάση σε συνδέει αυτόματα με τα καλύτερα πράγματα που έχει να σου προσφέρει η ζωή.

Κεφάλαιο 4: Αξιοποίηση του οραματισμού και της πρόθεσης

Για να αξιοποιήσουμε τη δύναμη των ιδεών και της δημιουργικότητας - το πεδίο από το οποίο αναδύεται και γίνεται ορατό οτιδήποτε νέο - πρέπει να δούμε την πραγματικότητα ως ρευστή, όχι ως υλική. Πρέπει να είμαστε ανοιχτοί στην αλλαγή και στην πιθανότητα πραγμάτων που είναι πέρα από την τρέχουσα κατανόησή μας και πρέπει να είμαστε πρόθυμοι να χρησιμοποιήσουμε τις τεχνικές των καθημερινών τελετουργιών και των πνευματικών πρακτικών για να φτάσουμε στο πραγματικό μας δυναμικό.Πολλοί διάσημοι άνθρωποι στην ιστορία έχουν κατανοήσει αυτές τις τεχνικές και τις χρησιμοποίησαν για να γράψουν τα βιβλία τους και να επιτύχουν ανώτερη σοφία. Ο Πλάτωνας και ο Σωκράτης ήταν ανάμεσά τους. Αλλά αυτά τα θέματα συχνά συγχέονται με τον αποκρυφισμό και τη μαγεία, που δεν είναι το ίδιο πράγμα. Πρέπει να είμαστε ανοιχτόμυαλοι και να αναζητούμε την αλήθεια χωρίς τους περιορισμούς του δόγματος ή τις προκαταλήψεις μας για το τι μπορεί και τι δεν μπορεί να κάνει ο νους.Μέσα από την προσωπική μου εμπειρία, διαπίστωσα ότι ο δρόμος για μεγαλύτερη συνειδητοποίηση και κατανόηση είναι στρωμένος με καθημερινές τελετουργίες, πνευματικές πρακτικές και ανοιχτό μυαλό. Αυτό σημαίνει να καλλιεργούμε μια βαθιά σχέση με τον Δημιουργό, να διαλογιζόμαστε και να μαθαίνουμε τεχνικές που μπορούν να μας βοηθήσουν να κατανοήσουμε καλύτερα τη φύση μας και τη φύση της εμπειρίας μας.

Δεν πρέπει να φοβόμαστε να αμφισβητούμε και να εξερευνούμε τα μυστήρια της ζωής, ακόμη και όταν φαίνονται πέρα από την ικανότητά μας να τα κατανοήσουμε. Και πρέπει να είμαστε πρόθυμοι να αξιοποιήσουμε τη δύναμη των ιδεών για να διαμορφώσουμε τον κόσμο μας και να συνειδητοποιήσουμε τις πραγματικές μας δυνατότητες.

Αυτό επιτυγχάνεται μέσω της καθημερινής συνήθειας της ονειροπόλησης, δηλαδή του να ονειρευόμαστε ένα συγκεκριμένο σενάριο και με άμεση πρόθεση. Η επιμονή στη διοχέτευση μιας συγκεκριμένης συχνότητας που είναι ευθυγραμμισμένη με την εικόνα που θέλουμε να οραματιστούμε είναι αυτή που προσελκύει το ίδιο όραμα στη ζωή μας.

Σκεφτείτε αυτή τη διαδικασία σαν να επιλέγετε μια ραδιοσυχνότητα. Κάθε μία θα εκπέμπει ένα διαφορετικό τραγούδι και κάθε τραγούδι θα σας κάνει να νιώσετε κάτι διαφορετικό. Έτσι, επιλέγοντας μια συγκεκριμένη συχνότητα σημαίνει ότι επιλέγετε συνειδητά να νιώσετε ένα συγκεκριμένο συναίσθημα για μια σταθερή χρονική περίοδο. Και για να συμβεί αυτό, η μουσική, το συναίσθημα και η συχνότητα δεν μπορούν να αλλάξουν.

Τώρα, σκεφτείτε να κάνετε την αντίστροφη διαδικασία και να χρησιμοποιήσετε το συναίσθημά σας για να σας καθοδηγήσει σε μια εικόνα που ταιριάζει στη συχνότητα. Αυτό ακριβώς σημαίνει να προσελκύσετε τη ζωή που θέλετε.

Αν η διαδικασία μεταξύ συναισθήματος και συχνότητας δεν είναι ακόμη τέλεια ευθυγραμμισμένη ή, με άλλα λόγια, αν δεν αισθάνεστε ότι μπορείτε να έχετε αυτό που θέλετε στην πραγματικότητα των δονήσεων και των ατόμων σας, αν δεν μπορείτε να εστιάσετε στο συναίσθημα που θέλετε, σημαίνει ότι έχετε πολλή δουλειά να κάνετε.

Μπορείτε να ξεκινήσετε χρησιμοποιώντας μουσική και διαλογισμό για να χαλαρώσετε το μυαλό σας. Με την πάροδο του χρόνου, μπορείτε απλώς να επιλέξετε μικρά πράγματα στα οποία θα επικεντρωθείτε. Και σταδιακά, καθώς συνειδητοποιείτε τις ευκαιρίες στο μυαλό σας, θα πρέπει να τους δίνετε προσοχή και να μη χάνετε χρόνο ψάχνοντάς τους.

Καθώς παρατηρείτε όλο και περισσότερες ευκαιρίες, θα συνειδητοποιήσετε ότι και το όραμά σας θα γίνει σταδιακά πιο ξεκάθαρο και πιο εύκολο να το πετύχετε.

Σκεφτείτε αυτά τα δύο παραδείγματα:

Στην πρώτη περίπτωση, έχουμε μια Αμερικανίδα που θέλει να κερδίσει περισσότερα χρήματα. Το οραματίζεται αυτό εύκολα, επειδή κάποιος που γνωρίζει ή έχει δει το έχει ήδη. Στη συνέχεια, μια μέρα, παρουσιάζεται η ευκαιρία να κερδίσει περισσότερα χρήματα ή έχει μια επιχειρηματική ιδέα και η επιθυμία της εκπληρώνεται.

Στη δεύτερη περίπτωση, έχουμε έναν Φιλιππινέζο που θέλει να μετακομίσει στις Ηνωμένες Πολιτείες και να αποκτήσει αυτό που η γυναίκα στην προηγούμενη ιστορία δεν θεωρούσε αρκετό. Βέβαια, λόγω της απόστασης και της σημαντικής διαφοράς στο κόστος των απαραίτητων αλλαγών, ο άνδρας αυτός θα νιώσει ότι τα εμπόδια είναι πολύ μεγαλύτερα και ως εκ τούτου θα είναι πιο δύσκολο γι' αυτόν να φανταστεί κάτι που δεν έχει δει ποτέ και δεν ξέρει καν πώς να αποκτήσει. Αν όμως περάσει αυτή τη διαδικασία όπως εξηγείται εδώ, ίσως μια μέρα βρει μια ευκαιρία για δουλειά που είναι ιδανική γι' αυτόν, ή γνωρίσει κάποια που θα ερωτευτεί και που θα τον πάει εκεί, ή απλά θα του τηλεφωνήσει ένας φίλος και θα του ζητήσει να έρθει να τον βοηθήσει σε κάποια δουλειά. Στη συνέχεια, μόλις βρεθεί ήδη σε αυτό το περιβάλλον, θα δει να εκδηλώνονται περισσότερες ευκαιρίες που θα τον οδηγήσουν στα επόμενα βήματα και θα νιώσει ότι, όσο περνάει ο καιρός, όλα γίνονται πιο γρήγορα και πιο εύκολα.

Αυτό συμβαίνει επειδή υπάρχει μια συσχέτιση μεταξύ χώρου, δράσης ή ενέργειας και χρόνου. Καθώς τα τρία αυτά στοιχεία γίνονται πιο ευνοϊκά, όλα τα υπόλοιπα γίνονται πιο γρήγορα.

Ωστόσο, τίποτα δεν αποδεικνύει αυτή τη θεωρία περισσότερο από το να την εφαρμόσετε σε κάτι που δεν θέλετε. Αν προσπαθήσετε να χρησιμοποιήσετε αυτές τις ασκήσεις για να πάρετε ευκαιρίες που θα σας οδηγήσουν στην αλλαγή εργασίας, θα σκεφτείτε ότι η απόλυση είναι το χειρότερο πράγμα που θα μπορούσε να σας συμβεί, αντί για το καλύτερο, ή ότι το τέλος του γάμου σας είναι κάτι που δεν θέλετε. Όταν όμως ευθυγραμμιστείτε με την πεποίθηση ότι αξίζετε την αγάπη, την ευτυχία και την ευημερία, είναι αδύνατο να δείτε οποιαδήποτε απώλεια ως κάτι άλλο εκτός από μια μεγάλη ευκαιρία.

Κεφάλαιο 5: Η εσωτερική σας δύναμη και οι ικανότητές σας

Σας έχει ξαφνιάσει ποτέ κάποιος που υπερασπίζεται με αυτοπεποίθηση μια λανθασμένη πεποίθηση; Ή έχετε παρατηρήσει ποτέ το επίπεδο αλαζονείας και άγνοιας που επιμένει στην κοινωνία παρά την εύκολη πρόσβαση στην πληροφόρηση;

Και εμένα με γοητεύουν αυτά τα φαινόμενα, και αυτό με έχει οδηγήσει στο να αμφισβητήσω τον τρόπο με τον οποίο οι άνθρωποι λειτουργούν στην κοινωνία.Ως κάποιος που έχει αφιερώσει ένα σημαντικό μέρος της ζωής του στη βελτίωση των παιδιών με μαθησιακές δυσκολίες, γνωρίζω από πρώτο χέρι πόσο σημαντικό είναι να κατανοήσουμε τους διαφορετικούς τρόπους μάθησης. Τα μετέτρεψα σε ιδιοφυΐες διδάσκοντάς τους μια μέθοδο που ήταν έξω από αυτόν τον κόσμο. Ήταν κάτι που κανείς δεν μπορούσε να αντιγράψει, να κατανοήσει ή να αναπαράγει. Η μέθοδος ήταν πολύ επιστημονική, αλλά περιλάμβανε επίσης την ενσυναίσθηση, κάτι που οι άνθρωποι συχνά παραβλέπουν, αλλά που ήξερα ότι ήταν ζωτικής σημασίας για τη διαδικασία της μάθησης.Αναλύοντας τα παιδιά και τη μέθοδο που χρησιμοποιούσα, ανακάλυψα μια βαθιά σύνδεση μεταξύ των συναισθημάτων και της διαμόρφωσης των σκέψεων, ακόμη και της νοημοσύνης. Αλλά δεν ήταν μόνο οι μέθοδοι που έκαναν τη διαφορά, αλλά και η ίδια η στρατηγική, την οποία έμαθα από εξωτερικές πηγές.

Για μεγάλο μέρος της ζωής μου, πάλευα στο μυαλό μου ανάμεσα σε αυτό που ήξερα ότι δεν ήταν από αυτόν τον πλανήτη και στις πολλές προσβολές που δεχόμουν από τους ανθρώπους γύρω μου. Μου πήρε πολύ καιρό να αποδεχτώ ότι δεν ήμουν τρελή ή ότι δεν φανταζόμουν πράγματα, και αυτή την αυτοπεποίθηση την απέκτησα διαβάζοντας πολλά βιβλία ψυχολογίας.

Η ευκαιρία να βοηθήσω παιδιά τα οποία οι ψυχολόγοι είχαν αποτύχει να βοηθήσουν και για τα οποία δεν είχαν αποτελεσματικές λύσεις ήταν ιδανική για να επικυρώσω τις δικές μου γνώσεις. Είτε θα τα θεράπευα είτε θα συνέχιζαν να αποτυγχάνουν. Δεν είχα τίποτα να χάσω, μόνο μια ευκαιρία να αναπτυχθώ και να αποκτήσω αυτογνωσία. Και καθώς τα αποτελέσματα ήταν μέσα στο 100 τοις εκατό ποσοστό επιτυχίας, μπορώ να βεβαιώσω χωρίς την παραμικρή αμφιβολία ότι οι γνώσεις μου είναι ανώτερες από ό,τι γνωρίζει ο καθένας σε αυτόν τον πλανήτη.

Αυτή η εμπειρία με μεταμόρφωσε και από εκείνη τη στιγμή αποφάσισα να γράψω βιβλία, ή τουλάχιστον ένα βιβλίο, για το πώς να θεραπεύσω τον ανθρώπινο νου. Ήταν ένα ατελείωτο βιβλίο, σαν μια συλλογή όλων όσων ήξερα μέχρι τότε, οπότε σύντομα έγινε σαφές ότι έπρεπε να κάνω αυτό που κάνω τώρα, ανεξάρτητα από το τι σκέφτονται οι άλλοι ή πόσο μπορεί να καταλαβαίνουν από αυτά που παίρνουν από μένα.

Το χειρότερο λάθος που κάνουν οι άνθρωποι σε αυτό το σημείο είναι να προσπαθούν να με συνδέσουν με μια θρησκεία ή μια συγκεκριμένη ομάδα συγγραφέων. Είναι σαν να προσπαθείς να τρέξεις με βάρη στα πόδια σου. Αν θέλετε να τρέξετε πιο γρήγορα, πρέπει να πάρετε όλες τις διδασκαλίες μου ως ένα διαπλανητικό πρόγραμμα για τη δική σας βελτίωση. Και όσοι έχουν χρησιμοποιήσει αυτά που έχουν μάθει από εμένα έχουν δει πόσο ισχυρά μπορούν να γίνουν και έχουν δικαιολογήσει επαρκώς τον φόβο στις καρδιές εκείνων που με προσέβαλαν και προσπάθησαν να με σταματήσουν.

Για παράδειγμα, ένας από τους αναγνώστες μου από τη Νορβηγία εφάρμοσε τις αρχές των βιβλίων μου στο γιο του και τα αποτελέσματα ήταν εκπληκτικά. Το παιδί ήταν σε θέση να θυμάται όλα όσα μελετούσε και, σύμφωνα με τον ίδιο, βελτίωσε τους βαθμούς του κατά 70%. Αυτό σημαίνει ότι εκπαιδεύοντας τον εγκέφαλο με τις αρχές μου, παιδιά και ενήλικες μπορούν να γίνουν πιο έξυπνοι, να κατανοήσουν και να μελετήσουν τα πάντα και να γίνουν όποιοι θέλουν.

Όταν βλέπεις την πραγματικότητα από αυτή την οπτική γωνία, όλα αποκτούν ένα διαφορετικό φως, ειδικά όταν ευθυγραμμίζεις το μυαλό και την καρδιά σου με αυτήν. Το μόνο που έχετε να κάνετε είναι να δεχτείτε τις πληροφορίες με μια κριτική στάση και να τις νιώσετε στις δικές σας αντιλήψεις και στη συνέχεια, καθώς συνδέονται με τη φύση σας, να τους επιτρέψετε να σας μεταμορφώσουν σε έναν ανώτερο εαυτό.

Απλά μην ξεχνάτε ότι ο παλιός εαυτός θα εξαφανιστεί, καθώς η προσπάθεια να κρατήσετε τον παλιό εαυτό μαζί με τον νέο εαυτό μπορεί να οδηγήσει σε ψυχική κατάρρευση. Πώς θα καταλάβετε τη διαφορά; Εξαρτάται από εσάς! Αυτά που σας δίνω είναι απλά εργαλεία.

Δεν σας λέω τι να κάνετε ή ποιος να γίνετε, είναι στο χέρι σας να κάνετε αυτή την επιλογή, οπότε όταν το κάνετε, μην κοιτάξετε πίσω! Αυτή είναι μια γέφυρα χωρίς επιστροφή! Διαλύεται αφού τη διασχίσετε.

Κεφάλαιο 6: Τα στάδια της πνευματικής ανάπτυξης

Καθώς μεγαλώνω, συνειδητοποιώ ότι η σοφία και η ωριμότητα προέρχονται περισσότερο από την εμπειρία παρά από την ίδια τη γήρανση. Έχω γνωρίσει πολλούς ανθρώπους που είναι πολύ μεγαλύτεροι, αλλά δεν έχουν τη διορατικότητα και την κατανόηση που έχω αποκτήσει εγώ. Επομένως, είναι απίθανο να καταλάβει κάποιος τον σκοπό της ζωής ή το πώς να ζήσει, αν δεν αναζητήσει ενεργά την απάντηση. Υπάρχουν αμέτρητες θεωρίες και πρακτικές που ισχυρίζονται ότι οδηγούν στη διαφώτιση, αλλά κατά την ταπεινή μου γνώμη, η διαφώτιση είναι μια διαδικασία που μπορεί να χωριστεί σε τέσσερις βασικούς κύκλους, με τελικό στοιχείο τη συνείδηση.

Ο πρώτος κύκλος προέρχεται από τη γη. Είναι ο κύκλος του χρήματος, της γνώσης και της εμπειρίας. Πρώτον, πρέπει να επιμείνουμε στον φυσικό κόσμο, διότι μέσα από τις γήινες εμπειρίες μαθαίνουμε και αναπτυσσόμαστε. Τα χρήματα μας επιτρέπουν να ζούμε άνετα, να αποκτούμε γνώσεις που διευρύνουν το μυαλό μας και να αποκτούμε εμπειρίες που διευρύνουν τις προοπτικές μας. Ωστόσο, δεν πρέπει να χανόμαστε στις κοσμικές αναζητήσεις, καθώς μπορούν εύκολα να μας καταναλώσουν και να μας αποσπάσουν την προσοχή από το μονοπάτι προς τη διαφώτιση.Ο δεύτερος κύκλος είναι ο κύκλος της ψυχής. Είναι ο κύκλος της ηθικής, της αρετής, της δεοντολογίας, της συμπόνιας, της ενσυναίσθησης και της διάκρισης. Ευθυγραμμιζόμενοι με αυτές τις αξίες, επιτρέπουμε στην ψυχή μας να ανθίσει και στην καρδιά μας να ανοίξει. Η ηθική μας καθοδηγεί προς το σωστό και το δίκαιο, η αρετή μας επιτρέπει να διατηρούμε την ακεραιότητά μας μπροστά στις αντιξοότητες, η ηθική διασφαλίζει ότι ενεργούμε με τιμή και σεβασμό, η συμπόνια και η ενσυναίσθηση μας επιτρέπουν να συνδεθούμε με τους άλλους σε ένα βαθύτερο επίπεδο και η διάκριση μας βοηθά να διακρίνουμε την αλήθεια από το ψέμα.Ο τρίτος κύκλος προέρχεται από τη δράση. Είναι ο κύκλος της βούλησης, της πρόθεσης και του σκοπού. Μόλις αγκυροβολήσουμε στον φυσικό κόσμο και ευθυγραμμιστούμε με την ψυχή μας, πρέπει να αναλάβουμε δράση προς την κατεύθυνση των στόχων και των φιλοδοξιών μας. Πρέπει να έχουμε τη δύναμη της θέλησης για να ξεπεράσουμε τα εμπόδια, την πρόθεση να ενεργήσουμε με σκοπό και τη διαύγεια για να ορίσουμε την αποστολή της ζωής μας. Χωρίς αυτές τις ιδιότητες, μπορεί να γίνουμε άσκοποι και περιπλανώμενοι.Ο τέταρτος κύκλος είναι ο κύκλος του αποτελέσματος. Είναι ο κύκλος των αναμνήσεων, των αντιδράσεων και των αποφάσεων. Κάθε δράση μας δημιουργεί μια κυματιστή επίδραση στον κόσμο και αυτοί οι κυματισμοί καταλήγουν να επιστρέφουν σε εμάς με τη μορφή αναμνήσεων, αντιδράσεων και αποφάσεων. Με την κατανόηση του αντίκτυπου των πράξεών μας, αποκτούμε εικόνα για τον εαυτό μας και τους άλλους. Μαθαίνουμε από τα λάθη μας και γινόμαστε καλύτεροι με την πάροδο του χρόνου. Γινόμαστε σοφότεροι και πιο συμπονετικοί.Τώρα, μπορεί να αναρωτηθείτε: Πώς ξέρετε αν έχετε φτάσει στη φώτιση μέσα από αυτούς τους κύκλους;Η φώτιση εκδηλώνεται όταν κατακτήσουμε αυτούς τους τέσσερις κύκλους ως γνώση χωρίς γνώση. Είναι μια κατάσταση ύπαρξης στην οποία βρισκόμαστε σε τέλεια αρμονία με τον εαυτό μας, τους άλλους και το σύμπαν. Είναι μια κατάσταση βαθιάς ειρήνης και ικανοποίησης, μια κατάσταση στην οποία είμαστε απαλλαγμένοι από τον πόνο και την προσκόλληση.

Αυτή η κατάσταση αποτελείται από ρευστότητα και αποδέσμευση, πράγμα που σημαίνει ότι μπορούμε να είμαστε οτιδήποτε χωρίς να αισθανόμαστε την ανάγκη να ταυτιστούμε με αυτό που επιλέγουμε. Σημαίνει ότι δεν χρειαζόμαστε μια ταυτότητα ή μια εθνικότητα ή ακόμη και ένα όνομα ή ένα επάγγελμα. Σημαίνει να κάνουμε αυτό που είναι απαραίτητο για όσο διάστημα είναι απαραίτητο και να δεχόμαστε τις αλλαγές που έρχονται στο δρόμο μας ως ευκαιρίες.

Για τους λόγους αυτούς, η διαφώτιση δεν μπορεί να κατανοηθεί ή να επιτευχθεί μόνο από το μυαλό. Απαιτεί μια ορισμένη κατάσταση ειρήνης ή απουσίας ενοχής και αποδέσμευσης από τις κρίσεις των άλλων.

Αυτό το μαθαίνουμε όταν δεν νιώθουμε πια τίποτα για όσα μας λένε οι άλλοι, είτε θετικά είτε αρνητικά, αλλά και όταν δεν νιώθουμε πια θυμό ή φόβο όταν μας αντιτίθενται βίαια, είτε έχουμε τη δύναμη να αντισταθούμε είτε όχι. Πρόκειται επίσης για το να γνωρίζουμε πώς να ελέγχουμε το μυαλό και να αφήνουμε τη δύναμή του όταν δεν είναι ευθυγραμμισμένο με τα συμφέροντά μας. Και, φυσικά, ελέγχουμε τις σκέψεις μας με μεγαλύτερη σαφήνεια όταν αυτές ευθυγραμμίζονται με αποφασισμένες ενέργειες για τη δημιουργία ενός νέου μέλλοντος.

Χωρίς αυτές τις εκφράσεις, η διαφώτιση μετατρέπεται σε σκοτάδι και χάος. Επομένως, πρέπει να ξεπεράσουμε την ανάγκη για τις σκέψεις και τις πεποιθήσεις μας που καθοδηγούνται από το εγώ και να παραδοθούμε στο σύμπαν και σε αυτό που προσπαθεί να μας διδάξει. Μόνο τότε μπορούμε να βιώσουμε μια ζωή ευθυγραμμισμένη με μια ανώτερη συνείδηση, και αυτή είναι η διαφώτιση.

Κεφάλαιο 7: Οι σκοτεινές πτυχές της ζωής

Στον πλανήτη Γη, δεν υπάρχει δύναμη χωρίς αντίρροπη δύναμη, έτσι ενώ πολλοί άνθρωποι ρωτούν τι είναι η διαφώτιση, λίγοι τολμούν να ρωτήσουν τι είναι το σκοτάδι, παρόλο που και οι δύο αρχές συνδυάζονται σε ένα φάσμα. Όσο καλύτερα κατανοούμε το σκοτάδι, τόσο πιο γρήγορα μαθαίνουμε να αναγνωρίζουμε το αντίθετό του. Το σκοτάδι εκδηλώνεται ως το αντίθετο των τεσσάρων κύκλων της φώτισης: - Η άγνοια, η φτώχεια και η έλλειψη εμπειρίας.- Ανηθικότητα, διαστροφή και εγωισμός.- Τεμπελιά, προσκόλληση και εθισμός.- Κατάθλιψη, βία και σφάλμα.

Είναι πολύ ενδιαφέρον το γεγονός ότι τόσοι πολλοί άνθρωποι είναι αφοσιωμένοι στην προώθηση της ιδέας ότι αυτά τα χαρακτηριστικά είναι φυσιολογικά και αποτελούν το αναμενόμενο από ένα ανθρώπινο ον. Επομένως, μπορούμε να τους αποκαλούμε πράκτορες του σκότους.

Οδηγούν τους άλλους σε αυτά και προωθούν το σκοτάδι ως μια φυσιολογική κατάσταση του νου, ακόμη και ως μια κατάσταση που είναι αδύνατο να ξεπεραστεί. Ωστόσο, παρόλο που το σκοτάδι μπορεί να φαίνεται σαν μια σοβαρή αντίθεση με τη διαφώτιση, πρέπει να θυμόμαστε ότι εξυπηρετεί επίσης έναν σκοπό. Χωρίς το σκοτάδι, δεν θα μπορούσαμε να εκτιμήσουμε το φως. Χωρίς τον πόνο, δεν θα μπορούσαμε να εκτιμήσουμε τη χαρά. Χωρίς τις αντιξοότητες, δεν θα μπορούσαμε να εκτιμήσουμε την ανάπτυξη.

Χωρίς τα πράγματα που μας φέρνουν περισσότερα από αυτά που δεν θέλουμε, δεν θα ξέραμε ότι πρέπει να θέλουμε το αντίθετο. Όμως όσοι χάνουν την ελπίδα πείθουν επίσης τον εαυτό τους ότι πρέπει να αποδεχτούν τη δυστυχία τους, και αυτό είναι μια άλλη μορφή σκοταδισμού. Εκείνη τη στιγμή, η ψυχή ανταλλάσσεται με στιγμιαία ειρήνη σε μια συναλλαγή που θα χρεωθεί με τόκο αργότερα.

Αυτοί οι άνθρωποι συγχέουν την ευτυχία και την ευγνωμοσύνη με την ικανοποίηση, την τεμπελιά και την απάθεια. Και το κάνουν αυτό επειδή είναι ευκολότερο από το να αντιμετωπίσουν τις συνέπειες του σκότους.

Ένα από τα σπουδαιότερα μαθήματα που έχω μάθει για τις αποτελεσματικές θεραπευτικές μεθόδους είναι ότι αρχίζουν να έχουν μόνιμα αποτελέσματα όταν μαθαίνουμε να αποδεχόμαστε τον πόνο μας όχι ως μόνιμο, αλλά ως ένα στάδιο της εξέλιξής μας. Για παράδειγμα, ήμουν πάντα μόνος, ακόμα και από παιδί. Οι λεπτομέρειες της ανατροφής μου είναι πολύ περίπλοκες για να τις εξηγήσω εδώ, αλλά με έκαναν να νιώθω εγκαταλελειμμένη και απομονωμένη. Όταν έφτασα στην ενηλικίωση, απορρίφθηκα επανειλημμένα και κρίθηκα από πολλούς ανθρώπους, επειδή δεν είχα την αυτοεκτίμηση που χρειαζόταν για να εφαρμόσω διάκριση στις καταστάσεις που αντιμετώπιζα και να εκτιμήσω τον εαυτό μου συναναστρεφόμενος με τους σωστούς ανθρώπους. Απέφυγα την ίδια μοναξιά λέγοντας απλώς στον εαυτό μου ότι δεν είχε σημασία. Τίποτα όμως δεν με άλλαξε περισσότερο από το να ξαναγυρίσω στις παιδικές μου αναμνήσεις και να ξαναζήσω τα ίδια συναισθήματα. Τότε συνειδητοποίησα ότι δεν μπορώ να αλλάξω τον κόσμο, αλλά αποδεχόμενος την κατάσταση της ύπαρξής μου, μπορώ να αλλάξω τον εαυτό μου. Έτσι έμαθα να μετατρέπω τη μοναξιά σε μια ευκαιρία για ανάπτυξη και όχι σε κάτι που πρέπει να φοβάμαι και να αποφεύγω. Εξάλλου, ένας σπόρος πρέπει να τοποθετηθεί μόνος του στο σκοτάδι πριν γίνει φυτό.

Σίγουρα, μετά από λίγο, άρχισα να βλέπω την πραγματικότητα με διαφορετικό τρόπο. Αυτό το σκοτάδι με έκανε να συνειδητοποιήσω τι είναι φως και τι όχι, και άρχισα να παίρνω πιο γρήγορα και καλύτερες αποφάσεις, πολλές από τις οποίες με οδήγησαν σε νέες περιπέτειες στη ζωή.

Κεφάλαιο 8: Αντιμετώπιση των αρνητικών ενεργειών

Έμαθα ότι η προστασία του Θεού έρχεται με πολλές μορφές - μέσω της πίστης, της προσευχής, ακόμη και των θαυμάτων. Συχνά χρησιμοποιεί άλλους ανθρώπους για να με βοηθήσει, εμφανιζόμενος από το πουθενά ακριβώς όταν τους χρειάζομαι περισσότερο. Ο Θεός μας προστατεύει επίσης από τις προσπάθειες άλλων ανθρώπων να μας σκοτώσουν. Θεωρώ τον εαυτό μου πολύ τυχερό που επέζησα από μια απόπειρα δηλητηρίασης στην Κίνα και που βγήκα από άλλες σκοτεινές και απειλητικές καταστάσεις, όπως όταν η Ουκρανία έριξε μια βόμβα στο Ζάγκρεμπ για να κατηγορήσει τη Ρωσία και να δημιουργήσει μια μεγαλύτερη σύγκρουση. Ζούσα κοντά στην περιοχή όπου έπεσε η βόμβα και ήμουν τυχερός που δεν εξερράγη. Εν τω μεταξύ, έχω δει το έργο των δαιμονικών δυνάμεων, ειδικά όταν χρησιμοποιούν δαιμονισμένους ανθρώπους για να μου επιτεθούν. Μπορώ να το δω να συμβαίνει, τα μάτια τους αλλάζουν χρώμα και αρχίζουν να χαμογελούν απειλητικά.

Πιστεύω ότι οι δαιμονισμένοι άνθρωποι που πραγματοποιούν αυτές τις επιθέσεις δεν έχουν καν επίγνωση της δαιμονικής ενέργειας που τους κατέχει και τους ελέγχει.

Ο Θεός εργάζεται επίσης μέσω της πίστης και της προσευχής, αλλά σε αντίθεση με τη δαιμονική επίθεση, αυτή γίνεται πάντα για καλούς και δίκαιους σκοπούς, οπότε κάποιος είναι πιο ευάλωτος αν αγνοεί την ανάγκη να προσεύχεται και να διαλογίζεται υπό την κυριαρχία του Θεού. Δεν αναφέρομαι φυσικά σε οποιονδήποτε θρησκευτικό Θεό, και μπορείτε πράγματι να προσεύχεστε σε οποιονδήποτε ναό της επιλογής σας. Αναφέρομαι στην Άπειρη Πηγή της Σοφίας.

Συνειδητοποίησα πόσο σημαντικό είναι αυτό, διότι όσο περισσότερα βιβλία έγραφα, τόσο περισσότερο συνειδητοποιούσα πόσοι άνθρωποι είναι δαιμονισμένοι, όταν η απλή πράξη του να βγεις για έναν καφέ έχει ως αποτέλεσμα περίεργα βλέμματα από ανθρώπους που πιθανώς είναι δαιμονισμένοι ή ρατσιστές ή και τα δύο, διότι δεν υπάρχει απολύτως καμία δικαιολογία για τα βλέμματα μίσους στα μάτια τους. Δεν έχω ιδέα ποιοι είναι αυτοί οι άνθρωποι!

Η κατάσταση χειροτερεύει όταν υπάρχουν προκλήσεις και ακόμη και σωματικές απειλές, γιατί παρόλο που δεν φοβάμαι, βρίσκομαι σε μια πολύ άβολη κατάσταση. Υπέστηκα ακόμη και βίαιες επιθέσεις από ντόπιους στη Λιθουανία, όπου με χτύπησαν σκόπιμα, και μόνο όταν ένας φίλος μου εκείνη την εποχή επιβεβαίωσε τις επιθέσεις, η πραγματικότητα της κατάστασής μου με χτύπησε δυνατά.

Καθώς γράφω για μια ποικιλία θεμάτων με στόχο την ανύψωση του επιπέδου συνείδησης στον πλανήτη για τη δημιουργία ενός νέου πολιτισμού, γίνομαι στόχος βίας που προέρχεται από σκοτεινές δυνάμεις που λειτουργούν μέσω ανθρώπων που είναι τόσο ασυνείδητοι που δεν μπορούν καν να δικαιολογήσουν τις παράλογες πράξεις τους.

Γνωρίζω από εμπειρία ότι είναι εύκολο να ακολουθήσει κανείς το λάθος μονοπάτι, το οποίο οδηγεί στο δρόμο του ναρκισσισμού και της ψευδούς ηγεσίας, αλλά μόνο μέσω της αληθινής γνώσης και της πίστης μπορεί κανείς να ανέλθει σε μια κατάσταση αληθινής συνείδησης, και αυτό δεν είναι χωρίς συνέπειες. Δυστυχώς, το μεγαλύτερο μέρος του κόσμου παραμένει παγιδευμένο σε αυτό το σκοτάδι, ανίκανο να αντιμετωπίσει την πραγματικότητα της ύπαρξής του. Ωστόσο, παραμένω πεπεισμένος ότι ο Θεός επιλέγει συγκεκριμένα εκείνους που θα είναι δεκτικοί στο μήνυμά μου, ακόμη και αν οι πληροφορίες μπορεί να είναι υπερβολικές για αυτούς τους λίγους εκλεκτούς, κάνοντας κάποιους να τις απορρίψουν από φόβο, αβεβαιότητα ή έλλειψη κατανόησης.

Είναι τόσο εύκολο να εξαπατηθεί κανείς σε αυτόν τον κόσμο, ακόμη και από εκείνους που έχουν καλές προθέσεις, ώστε ο καθένας μπορεί να πέσει σε δαιμονικές παγίδες χωρίς συνεχή προσπάθεια. Δυστυχώς, πολλά από τα προβλήματα στον σημερινό κόσμο προέρχονται από την αντικειμενοποίηση των άλλων και του εαυτού μας. Οι γυναίκες αντικειμενοποιούν τους άνδρες, όπως και οι άνδρες αντικειμενοποιούν τις γυναίκες. Κοιτάζουν εμένα και τους άλλους στο μυαλό τους σαν να περπατούν μέσα σε ένα κατάστημα γεμάτο ρούχα. Όλες οι ερωτήσεις αφορούν το εξής: ποια είναι η καλύτερη επιλογή με βάση αυτό που έχω δει;

Γι' αυτό το πρόβλημα με αυτές τις γυναίκες είναι ότι, μόλις είναι ευτυχισμένες, λένε στον εαυτό τους ότι κάτι δεν πάει καλά και καταστρέφουν τα πάντα αναζητώντας κάτι που θα μπορούσε να είναι καλύτερο. Οι άντρες μπορούν να κάνουν ακριβώς το ίδιο πράγμα, ειδικά όταν βρίσκουν την αγάπη, γιατί η ευτυχία αποδεικνύεται παράξενο πράγμα όταν το μόνο που βρίσκεις είναι απογοήτευση και προδοσία.

Αυτός ακριβώς είναι ο λόγος για τον οποίο οι άνθρωποι σαμποτάρουν τη ζωή τους, έχουν αμφιβολίες που προέρχονται από το σκοτάδι της ψυχής τους, ένα σκοτάδι που έχει τοποθετηθεί εκεί από τραύματα και βάσανα.Κάποτε μίλησα με έναν πολύ θρησκευόμενο Ινδουιστή επιχειρηματία από την Ινδία. Συναντηθήκαμε όταν ταξίδευε στην Κροατία σε αναζήτηση επιχειρηματικών ευκαιριών και σκεφτόταν να κοιμηθεί με γυναίκες εκτός γάμου. Με ρώτησε γιατί τον κατατρύχουν τόσο πολύ οι σκέψεις της λαγνείας τώρα που ήταν μακριά από την οικογένειά του, και του είπα ότι είχα κοιμηθεί με πολλές γυναίκες, αλλά δεν είχα γυναίκα ή παιδιά, και ότι ευχαρίστως θα αντάλλασσα αυτές τις εμπειρίες με αυτές που είχε εκείνος. Εκείνος είχε γυναίκα, δύο κόρες και μια αγαπημένη οικογένεια, ενώ εγώ δεν είχα τίποτα. Του εξήγησα λοιπόν ότι παρόλο που οι σκέψεις για το σεξ είναι φυσιολογικές όταν διεγείρονται από μια κοινωνία που θεωρεί τη σεξουαλική διέγερση φυσιολογική, δεν σημαίνουν τίποτα χωρίς την αληθινή αγάπη.

Εκείνος κατάλαβε τι προσπαθούσα να του πω και μου απάντησε ότι δεν μπορούσε να ζήσει με την ντροπή και τις ενοχές του ότι απατούσε τη γυναίκα του, οπότε έμαθε να αποσυνδέει το μυαλό του από αυτές τις σκέψεις κατά τη διάρκεια της παραμονής του εκεί και απλά να τις αγνοεί.

Κεφάλαιο 9: Ανακαλύπτοντας τον σκοπό σας

Οι περισσότεροι άνθρωποι δεν έχουν σωστή αντίληψη της αγάπης, επειδή φοβούνται τους συναισθηματικούς δεσμούς και έχουν μάθει να αντικειμενοποιούν τους ανθρώπους με βάση τις λανθασμένες αντιλήψεις τους για το τι θα έπρεπε να είναι η αγάπη, η οποία είναι μια υλοποίηση των αναγκών τους. Έτσι, καθώς μεγάλωσα, έμαθα να διαβάζω τα κίνητρα των ανθρώπων κοιτώντας τους στα μάτια. Μπορώ να καταλάβω αν ενδιαφέρονται πραγματικά για μένα ή αν ενδιαφέρονται απλώς για την εικόνα μου. Μπορώ επίσης να καταλάβω αν πρόκειται για κάτι μόνιμο ή απλά σεξουαλικό. Από την άλλη πλευρά, ο καθένας μπορεί να είναι καλός με οποιονδήποτε άλλον, αν είναι ψυχικά υγιής. Οι περισσότεροι άνθρωποι δεν είναι.

Όταν οι άνθρωποι είναι τρελοί, μένουν μαζί μέσα από βασικές καθημερινές συνήθειες, όπως το να μην βλέπουν ο ένας τον άλλον 9 ώρες την ημέρα και να απολαμβάνουν χρόνο μαζί μόνο τα Σαββατοκύριακα, να ψωνίζουν και να πηγαίνουν τα παιδιά στο πάρκο.

Αν οι άνθρωποι αγαπιούνται πραγματικά μεταξύ τους, θα απολαύσουν το χτίσιμο μιας αυτοκρατορίας μαζί. Αυτό σημαίνει να αποδέχονται διαφορετικούς ρόλους με τον ίδιο στόχο. Αλλά πολλοί άνθρωποι με αποκλίνουσες φιλοδοξίες και αντικειμενοποίηση των άλλων ανταγωνίζονται, και αυτό είναι καταδικασμένο να αποτύχει όταν πρόκειται για ρομαντισμό, γιατί η αγάπη έχει να κάνει με τη συντροφικότητα, όχι με τον ανταγωνισμό.Πιστεύω στην αληθινή αγάπη, αλλά σύμφωνα με τις παρατηρήσεις μου και έχοντας γνωρίσει πολλούς ανθρώπους παντού, γνωρίζω ότι ακόμη και αν μειώσετε τις προσδοκίες σας, δεν μπορείτε να περιμένετε παρά μόνο δυσάρεστες εκπλήξεις. Το σεξ είναι σημαντικό, αλλά είναι βαρετό χωρίς αγάπη, και η αγάπη δεν είναι μόνο πεταλούδες, όπως μου λένε πολλές γυναίκες. Είναι μια πνευματική σύνδεση που οι περισσότεροι άνθρωποι δεν καταλαβαίνουν γιατί δεν μπορείς να τη λάβεις αν φοβάσαι πολύ να τη δημιουργήσεις.Συχνά νιώθουμε έλξη για ανθρώπους που μπορεί να μην είναι κατάλληλοι για εμάς ή δυσκολευόμαστε να κατανοήσουμε τα δικά μας συναισθήματα όταν πρόκειται για σχέσεις. Αλλά γιατί συμβαίνει αυτό;Ένα πράγμα που μπορεί συχνά να μας εμποδίζει είναι η ευαισθησία μας στην εξαπάτηση. Οι δαίμονες μπορούν να μας εξαπατήσουν, και δεν είναι όλα τα μηνύματα και τα σημάδια που λαμβάνουμε από τον Θεό. Πρέπει να αναπτύξουμε τη διάκριση για να διακρίνουμε την αλήθεια από την πλάνη. Στο τέλος, όμως, η εμπειρία που αποκτούμε τα λέει όλα.Στη δική μου εμπειρία του παρελθόντος, συχνά έπιασα τον εαυτό μου να ερωτεύεται εύκολα το λάθος άτομο. Αυτό μπορεί να είναι ιδιαίτερα τραυματικό όταν ερωτευόμαστε κάποιον απλά και μόνο λόγω της φυσικής του ομορφιάς. Πώς μπορούμε λοιπόν να αποφύγουμε αυτή την παγίδα;

Όλα καταλήγουν στο να αναπτύξουμε διάκριση και να δίνουμε προσοχή στις πράξεις των ανθρώπων. Όταν είμαστε νέοι και άπειροι, μπορεί να είναι εύκολο να ερωτευτούμε και να μην αντιληφθούμε τα προειδοποιητικά σημάδια. Και παρόλο που μπορεί να είναι δύσκολο να δούμε καθαρά εκείνη τη στιγμή, με την πάροδο του χρόνου μπορούμε να μάθουμε να εμπιστευόμαστε το ένστικτο και τη διαίσθησή μας.

Έχει ειπωθεί ότι μπορούμε να αγαπήσουμε αληθινά ένα άλλο άτομο μόνο μέσα από τον καθρέφτη της δικής μας ψυχής, και ενώ αυτό είναι αλήθεια, σημαίνει επίσης ότι ο πόνος μας αντανακλά την απογοήτευση. Αν είχατε μια τραυματική παιδική ηλικία, θα προκαλείτε συνεχώς άλλους ανθρώπους με τα ίδια ή παρόμοια τραύματα στο παρελθόν τους. Και αν δεν έχετε αρκετή εμπειρία για να διακρίνετε το πρόσωπο που προσπαθούν να σας δείξουν από το σκοτάδι της ψυχής τους, θα καταλήξετε να μπερδεύετε τη λαγνεία με την αγάπη. Αυτό ισχύει σίγουρα, ανεξάρτητα από το πόσο καλός άνθρωπος θεωρείτε τον εαυτό σας. Όσο περισσότερο έχετε υποφέρει, τόσο πιο βαθύ είναι το σκοτάδι μέσα σας και τόσο πιο πιθανό είναι να υποφέρετε ξανά στην αναζήτηση της αγάπης.

Η απάντηση δεν είναι να απορρίψουμε την αγάπη, αλλά να αποδεχτούμε ότι έχουμε μια σκοτεινή πλευρά και ότι και οι άλλοι έχουν. Οι γυναίκες είναι πολύ καλές στο να ανακαλύπτουν τη σκοτεινή πλευρά ενός άντρα, επειδή ενστικτωδώς τον προκαλούν όταν νιώθουν ανασφάλεια και επιβάλλουν μια βίαιη αντίδραση, ώστε να δει πόσο κακή είναι πραγματικά αυτή η σκοτεινή πλευρά.

Δυστυχώς, το κόστος αυτού είναι ότι ο άνδρας υποθέτει επίσης ότι αυτή η γυναίκα είναι πολύ ανασφαλής και δραματική για να είναι σε μια μακροχρόνια σχέση. Όσο πιο ανασφαλής είναι μια γυναίκα, τόσο πιο πιθανό είναι να είναι drama queen.

Δεν διαφέρει με τους άνδρες, επειδή οι ανασφαλείς άνδρες δημιουργούν επίσης δράμα, συνήθως όχι συναισθηματικής ή ψυχολογικής φύσης όπως οι γυναίκες, αλλά σωματικής φύσης. Όταν οι άνδρες ντροπιάζουν τις γυναίκες ή άλλους άνδρες για τα σωματικά τους χαρακτηριστικά ή την ομορφιά τους, εξωτερικεύουν αυτή την ανασφάλεια. Για παράδειγμα, ένας άντρας που ντροπιάζει μια γυναίκα για το μέγεθος του στήθους της, όχι μόνο προσπαθεί να την κάνει να νιώσει ανασφάλεια για τον εαυτό της, αλλά καταπιέζει και τη δική του ανασφάλεια μέσω των αρνητικών συναισθημάτων της.

Όταν μας ταπεινώνουν και μας καταπιέζουν, ξέρουμε ενστικτωδώς ότι αυτό δεν είναι αγάπη, οπότε γιατί το ανεχόμαστε; Από φόβο! Οι περισσότεροι άντρες και γυναίκες φοβούνται το ίδιο τους το σκοτάδι, ειδικά τη μοναξιά τους.

Αντιμετώπισα τη δική μου μοναξιά μαθαίνοντας να ζω μαζί της. Αυτό σήμαινε να μετακομίσω σε πόλεις όπου ήξερα ότι δεν θα έβρισκα κανέναν με τον οποίο θα μπορούσα να έχω σχέση και, ακόμη και όταν άνθρωποι έμπαιναν στη ζωή μου, επικεντρώθηκα στον κόσμο που δημιουργούσα, γιατί ήξερα ότι δεν ήθελα να ζήσω για πάντα με αυτό το σκοτάδι μέσα μου. Αντιθέτως, το αντιμετώπισα κατάματα και το αντιμετώπισα, γεγονός που με οδήγησε να αναπτύξω περισσότερη αυτοεκτίμηση και αυτοσεβασμό.

Στο τέλος αυτού του ταξιδιού, γνώρισα γυναίκες με τόση αγάπη που νόμιζα ότι δεν υπάρχουν άλλες τέτοιες γυναίκες σε αυτόν τον πλανήτη. Επιτέλους βρήκα τη γυναίκα που έψαχνα.

Πρέπει να ευχαριστήσω τον αγριόγατο που πέρασε σχεδόν 6 μήνες μοναξιάς μαζί μου στην Ελλάδα, γιατί με την παρουσία του μου έμαθε πώς να το αντιμετωπίζω. Μερικές φορές ήμουν στο σπίτι και προσπαθούσα να δουλέψω και με φώναζε έξω, αναγκάζοντάς με να πάρω λίγο ήλιο, να κάνω ένα διάλειμμα, να δω το ηλιοβασίλεμα και να απολαύσω τον καθαρό αέρα. Αυτά τα απλά πράγματα κάνουν τεράστια διαφορά όταν προσπαθούμε να γνωρίσουμε καλύτερα ο ένας τον άλλον.

Κεφάλαιο 10: Η πολυπλοκότητα των ανθρώπινων σχέσεων

Η εμπιστοσύνη είναι ένας θεμελιώδης πυλώνας των σχέσεων, αλλά όταν σπάσει, οι επιπτώσεις εξαπλώνονται σε όλες τις πτυχές της ζωής μας, αφήνοντάς μας ευάλωτους και μόνους. Η θλιβερή πραγματικότητα είναι ότι υπάρχουν άνθρωποι που αδιαφορούν για τις συνέπειες των πράξεών τους, που είναι εγωκεντρικοί και αχάριστοι για την εμπιστοσύνη που τους δείχνουμε.

Αυτή η προδοσία είναι μια συνηθισμένη εμπειρία και την έχω συναντήσει σχεδόν παντού. Το πιο δύσκολο όμως είναι να είσαι μόνος, χωρίς να έχεις κανέναν να απευθυνθείς. Είναι εύκολο να απογοητευτείς από τη ζωή, αλλά έχω μάθει ότι κάθε εμπειρία, όσο επώδυνη ή δύσκολη κι αν είναι, περιέχει ένα μάθημα που πρέπει να μάθεις.

Συνήθιζα να αποφεύγω να συζητώ για ορισμένες χώρες, θρησκείες και ομάδες στα βιβλία μου, αλλά συνειδητοποίησα ότι το να είμαι πιο ανοιχτή με τις απόψεις μου μπορεί να είναι στην πραγματικότητα πιο χρήσιμη για τους άλλους, καθώς τους επιτρέπει να δουν τι ακριβώς συμβαίνει στον κόσμο γύρω τους. Είναι γεγονός ότι δεν είναι όλοι ίδιοι και, δυστυχώς, σε κάθε πόλεμο ή σύγκρουση, πολλοί αθώοι άνθρωποι πέφτουν θύματα λανθασμένων απόψεων και συμπεριφορών διακρίσεων απέναντι στους άλλους. Για παράδειγμα, δεν τρέφω καμία συμπάθεια για χώρες όπως η Πορτογαλία ή η Ισπανία. Όταν οι άνθρωποι λένε ότι αγαπούν αυτές τις χώρες, συνήθως το κάνουν λόγω του φαγητού, του κρασιού και της ηλιοφάνειας - όχι λόγω των ανθρώπων, του πολιτισμού ή των αξιών. Το πρόβλημα είναι ότι αυτή η εγωκεντρική προοπτική είναι πολύ συνηθισμένη.

Συνειδητοποίησα ότι οι άνθρωποι συχνά παίρνουν αποφάσεις που βασίζονται αποκλειστικά στο φαγητό και το σεξ. Πρόκειται για μια σκληρή αλήθεια, η οποία όμως πρέπει να αναγνωριστεί. Φυσικά, δεν θα συμφωνήσουν όλοι μαζί μου, και αυτό δεν πειράζει. Πάντα θα υπάρχουν άνθρωποι που προσπαθούν να ακυρώσουν ή να υποτιμήσουν τους άλλους. Αλλά η εστίασή μου είναι στη γενικότερη εικόνα, στις αλλαγές που πρέπει να γίνουν στον κόσμο, αν θέλουμε να προχωρήσουμε μπροστά. Και όταν συναντώ ανθρώπους που είναι πολύ απορροφημένοι από τον εγωισμό τους για να με ακούσουν πραγματικά, ξέρω ότι δεν αξίζει να ξοδέψω την ενέργεια ή τον χρόνο μου για να ασχοληθώ μαζί τους.

Στο τέλος, αυτό που έχει μεγαλύτερη σημασία είναι ο αντίκτυπος που έχουμε στον κόσμο - ανεξάρτητα από το πόσο μεγάλος ή μικρός είναι. Και παρόλο που το μέλλον μπορεί να είναι αβέβαιο, εξακολουθώ να είμαι αισιόδοξη ότι η θετική αλλαγή είναι δυνατή.

Όπως πάντα, εναπόκειται σε εμάς να αγωνιστούμε για αυτά που πιστεύουμε, να κυνηγήσουμε τα πάθη και τα όνειρά μας παρά τα εμπόδια στο δρόμο μας και ακόμη και όταν ο υπόλοιπος κόσμος φαίνεται να αποδέχεται το χάος και τις συγκρούσεις ως φυσιολογικές καταστάσεις ύπαρξης.

Σαν να μην έφταναν αυτά, ο εθνικισμός, ο ρατσισμός και η παραπλανητική υπερηφάνεια προκαλούν επίσης μεγάλη καταστροφή στον κόσμο μας σήμερα. Οι άνθρωποι ξεχνούν ότι όλοι επηρεάζουν όλους τους άλλους. Η Ευρώπη χτίστηκε από τους Άραβες που σήμερα μισούν. Και ποιος έχτισε τον αραβικό κόσμο; Η Αφρική!

Ο κόσμος κλέβει και αντιγράφει ο ένας τον άλλον εδώ και χιλιάδες χρόνια. Ακόμα και σήμερα, η συντριπτική πλειοψηφία του πληθυσμού είναι τόσο στερημένη από δημιουργικότητα και πραγματικό πνευματικό δυναμικό που μπορεί να μάθει μόνο αντιγράφοντας και κλέβοντας από τους άλλους. Αυτό ισχύει και για τον κόσμο της λογοτεχνίας. Ξέρω ότι πολλοί άνθρωποι αντιγράφουν πληροφορίες από τα βιβλία μου.

Εν τω μεταξύ, αυτή η υποκρισία δεν θα μπορούσε να είναι πιο ξεκάθαρη από όταν οι άνθρωποι επικρίνουν τη Ρωσία για την εισβολή στην Ουκρανία το 2022, ενώ προμηθεύονται φυσικό αέριο από τη Ρωσία. Λοιπόν, κανείς δεν θέλει να μαγειρεύει με ξύλα και να κάνει κρύα ντους. Είναι καιρός να ξυπνήσουν οι άνθρωποι και να συνειδητοποιήσουν ότι όλοι είμαστε συνδεδεμένοι.Παρ' όλες αυτές τις διασυνδέσεις σε κυβερνητικό επίπεδο, εξακολουθώ να είμαι εμβρόντητος όταν συνειδητοποιώ το τεράστιο επίπεδο υποκρισίας, δηλαδή ότι οι κυβερνήσεις δεν παρέχουν σχεδόν κανένα αποκλειστικό δικαίωμα όταν παντρεύονται ζευγάρια διαφορετικών εθνικοτήτων. Ποιο είναι λοιπόν το νόημα του γάμου; Και γιατί οι άνθρωποι έχουν τόση εμμονή με αυτόν; Και γιατί οι άνθρωποι θέλουν μια κυβέρνηση που τους αντιμετωπίζει σαν βοοειδή;

Πρέπει να κοιτάξουμε πέρα από τα εθνικά σύνορα και να δούμε τον κόσμο στο σύνολό του. Πρέπει να συνειδητοποιήσουμε ότι είμαστε όλοι συνδεδεμένοι και να σταματήσουμε αυτή τη μαζική βλακεία και υποκρισία. Δεν μπορούμε να επικεντρωνόμαστε μόνο στις δικές μας ανάγκες και να αγνοούμε τον πόνο των άλλων. Ήρθε η ώρα να αλλάξουμε, και αυτό ξεκινά μέσα μας, με το να είμαστε ειλικρινείς με τον εαυτό μας και να βλέπουμε τη ζωή μέσα από τα μάτια των πολλών.

Αυτός είναι ο πραγματικός σκοπός της μετενσάρκωσης που ακολουθείται από την αμνησία των εμπειριών της προηγούμενης ζωής. Δεν μπορούμε απλά να μιλάμε για πνευματική εξέλιξη και να υποθέτουμε ότι οι άνδρες δεν μπορούν να γεννηθούν ως γυναίκες και το αντίστροφο, ή ότι ένας μαύρος άνδρας στην Αφρική δεν μπορεί να γεννηθεί ως καυτό μοντέλο στη Νορβηγία. Δεν νομίζω ότι έχω συναντήσει ποτέ κάποιον που να έχει πραγματικά επίγνωση του τι σημαίνει να είσαι ξύπνιος.

Αν είσαι πραγματικά ένα πνευματικό άτομο και όχι ένα ηλίθιο αυτόματο που αντιδρά στο θρησκευτικό δόγμα και την πολιτισμική κατήχηση, καταλαβαίνεις ότι όλοι έχουν δικαιώματα και εσύ δεν έχεις κανένα όταν πρόκειται να συζητήσουμε για τα δικά τους. Το μόνο δικαίωμά σας είναι να είστε ο εαυτός σας, και αυτό το αποκτάτε όταν αποφασίζετε ότι και οι άλλοι αξίζουν το ίδιο.

Για παράδειγμα, κάποτε είχα έναν ομοφυλόφιλο μαθητή στην τάξη μου. Του άρεσε πολύ να ακούει τις διαλέξεις μου και πάντα ρωτούσε αν μπορούσε να συμμετάσχει στους άλλους, ακόμη και αν δεν ήταν απαραίτητο. Τον άφησα, και κάναμε πολύ ενδιαφέρουσες συζητήσεις μαζί. Οι μαθητές μου το έβλεπαν αυτό και γελούσαν με αυτό. Έτσι, παρόλο που δεν τους είπα ότι είχα κοπέλα, έπρεπε να τους αντιμετωπίσω και να τους πω: Ποιοι είστε εσείς που κρίνετε τις ζωές των άλλων ανθρώπων; Τι σας κάνει να πιστεύετε ότι είστε καλύτεροι από τους άλλους ανθρώπους; Και γιατί ενδιαφέρεστε τόσο πολύ για τις ζωές των άλλων ανθρώπων;

Δεν νομίζω ότι οι περισσότεροι άνθρωποι συνειδητοποιούν πόσο απίστευτα γελοίοι είναι όταν κρίνουν τους άλλους για πράγματα που δεν έχουν καμία σχέση με τη δική τους ζωή. Τους κάνει να φαίνονται μικροί και γελοίοι. Ακόμα και η ιδέα που έχουν κάποιες χώρες ότι οι άντρες που διαβάζουν πολύ είναι ομοφυλόφιλοι δεν λέει τίποτα γι' αυτούς τους άντρες, λέει τα πάντα γι' αυτό το είδος κουλτούρας. Όταν ανοίγω ένα βιβλίο σε μια καφετέρια στην Πορτογαλία, όλοι με κοιτάζουν, και γιατί; Θα έπρεπε να αναρωτιούνται γιατί είναι τόσο ηλίθιοι, όχι γιατί ένας από αυτούς αποφάσισε να το διαβάσει.

Δυστυχώς, πολλά ευρωπαϊκά έθνη έχουν ένα επίπεδο βλακείας στον πληθυσμό που υπερβαίνει αυτό που θα έπρεπε να είναι αποδεκτό στη σύγχρονη εποχή, αλλά οι πολίτες αναρωτιούνται γιατί η οικονομία τους είναι τόσο κακή. Αναρωτιέμαι πώς επιβιώνουν και ζουν με τον εαυτό τους. Αν είσαι τόσο ηλίθιος που πιστεύεις ότι το διάβασμα είναι χάσιμο χρόνου, τότε μάλλον είσαι πολύ ηλίθιος για να είσαι ζωντανός. Αυτή η στάση είναι αποδεκτή μόνο μεταξύ εκείνων που ξέρουν να κυνηγούν ή να ψαρεύουν. Ίσως λοιπόν οι Πορτογάλοι να μην είχαν τόση δυστυχία όση τους άξιζε και εξακολουθεί να τους αξίζει.

Κεφάλαιο 11: Η αληθινή φύση της αγάπης

Πέρασα πολλά χρόνια αναζητώντας απαντήσεις στα μεγάλα ερωτήματα της ζωής. Βυθίστηκα στη λογοτεχνία και παρακολούθησα θρησκευτικές συναντήσεις, όλα σε μια προσπάθεια να βρω τη «μεγάλη εικόνα» της ζωής. Δεν ήξερα ότι οι απαντήσεις βρίσκονταν μέσα μου από την αρχή. Βρήκα σαφήνεια στην ταυτότητά μου, αλλά ο κόσμος δεν μου έδινε ένα ξεκάθαρο μονοπάτι. Οι περισσότεροι άνθρωποι έχουν μια μυωπική εστίαση στην προσωπική ολοκλήρωση που τους εμποδίζει να κατανοήσουν πλήρως τη ζωή, και τίποτα δεν το λέει αυτό περισσότερο από το θέμα της μετενσάρκωσης. Αυτό είναι ένα θέμα που έχω ερευνήσει εκτενώς και έχω βρει αρκετά στοιχεία για να το υποστηρίξω, αλλά η μετενσάρκωση δεν υπάρχει μόνο μεταξύ των σωμάτων, αλλά και μέσα στο ίδιο σώμα. Κάθε φορά που αλλάζω χώρα, βιώνω μια διαφορετική ύπαρξη και κάθε χώρα έχει μια μοναδική ενέργεια που επηρεάζει τις εμπειρίες μου. Αν και πολλές θρησκείες ισχυρίζονται ότι πιστεύουν στη μετενσάρκωση, λίγοι την κατανοούν καλά. Οι νόμοι της μετενσάρκωσης λειτουργούν όχι μόνο μεταξύ των σωμάτων, αλλά και μέσα στο ίδιο σώμα, επειδή ο εγκέφαλος μπλοκάρει τις μνήμες των προηγούμενων εμπειριών. Επομένως, το να έχουμε μια αίσθηση εθνικότητας ή ταυτότητας δεν είναι μόνο ανόητο, αλλά και άσχετο.

Η αφθονία των πληροφοριών που είναι διαθέσιμες σήμερα καθιστά άσχετα όλα όσα θεωρούμε αληθινά, ακριβώς λόγω του πόσο πολύ μπορούμε να αλλάξουμε και πόσο γρήγορα το κάνουμε. Και οι άνθρωποι τείνουν να ξεχνούν ότι αυτοί οι συγγραφείς έχουν επίσης μετενσαρκωθεί πολλές φορές. Η πολυπλοκότητα της μετενσάρκωσης δυσκολεύει τους ανθρώπους να την κατανοήσουν πλήρως. Όπως και με την πραγματικότητα, οι άνθρωποι προσαρμόζουν την αλήθεια στη γνωστική τους ικανότητα, γεγονός που οδηγεί σε παρεξηγήσεις και παρανοήσεις.

Οι άνθρωποι συχνά καταφεύγουν στην αλληγορία για να κατανοήσουν πράγματα που δεν μπορούν να κατανοήσουν πλήρως. Αυτή η διαδικασία συμβαίνει ακόμη και στις ιστορίες που λέμε στα παιδιά μας. Από την άλλη πλευρά, οι προσωπικοί αγώνες είναι κάτι που όλοι αντιμετωπίζουν κάποια στιγμή στη ζωή τους και αποκαλύπτουν όχι μόνο από πού προερχόμαστε, αλλά και πού πηγαίνουμε.

Αν παλεύετε με τη μοναξιά ή την έλλειψη σεβασμού, μαθαίνετε για την αγάπη,

Αν παλεύετε με την άγνοια και την έλλειψη διάκρισης, μαθαίνετε για την αλήθεια,

Αν παλεύετε με την ταυτότητα και τη σεξουαλικότητά σας, μαθαίνετε για τον εαυτό σας.

Φυσικά, ο κόσμος δεν μπορεί να κατανοήσει πραγματικά αυτές τις διασταυρώσεις των προβλημάτων του παρελθόντος και των μελλοντικών επιτευγμάτων, οπότε ακολουθούν προσβολές, πράγμα που σημαίνει ότι οι άνθρωποι αισθάνονται την ανάγκη να προβάλλουν τη δική τους άγνοια στους άλλους, επειδή θέλουν να νιώσουν αυτό που δεν θέλουν να νιώσουν.

Η φράση «κάνεις λάθος» είναι συνήθως μια προβολή του «κάνω λάθος και δεν μπορώ να το παραδεχτώ»,

Η φράση «Είσαι αλαζόνας» είναι συνήθως μια προβολή του «Είμαι πολύ εγωκεντρικός για να δεχτώ άλλες προοπτικές για τη ζωή»,

Η φράση «Είσαι τρελός» σημαίνει: «Με κάνεις να νιώθω τρελός, αδαής και χαμένος.

Όσο πιο ειλικρινής είστε, τόσο περισσότερο οι άλλοι θα αισθάνονται προσβεβλημένοι από την ειλικρίνειά σας. Επειδή ενσωματώνω τους δικούς μου αγώνες στα γραπτά μου, πολλοί μπερδεύουν αυτό που εκφράζω με αλαζονεία. Και όσο περισσότερο περιγράφω τις εμπειρίες μου μέσα από τα δικά μου συναισθήματα, τόσο περισσότερο όσοι δεν έχουν ενσυναίσθηση νιώθουν την ανάγκη να κρίνουν αρνητικά από τη δική τους πολύ περιορισμένη οπτική γωνία. Γι' αυτό είναι σημαντικό να κατανοούμε τον Θεό άμεσα και όχι μέσω μεσαζόντων που συχνά διαστρεβλώνουν την ιδέα του Θεού προσθέτοντας τις δικές τους απόψεις, πολλές από τις οποίες δεν είναι τίποτα περισσότερο από παρερμηνείες των αρχικών εννοιών. Επομένως, πριν κρίνετε μια θρησκεία, θα πρέπει να κρίνετε τις γραφές της. Ωστόσο, λίγοι άνθρωποι μπαίνουν στον κόπο να διαβάσουν αυτά που είναι γραμμένα.

Αν το έκαναν, θα γνώριζαν ότι, τις περισσότερες φορές, αυτοί που μιλούν δεν έχουν ιδέα τι λένε και απλώς συμβάλλουν αλαζονικά στη σύγχυση επειδή δεν καταλαβαίνουν τι διαβάζουν.

Η αλήθεια είναι απελευθερωτική και όταν γνωρίζετε την αλήθεια και ξέρετε ότι την γνωρίζετε, τίποτα δεν μπορεί να σας βλάψει.

Κεφάλαιο 12: Οι νόμοι που διαμορφώνουν τις εμπειρίες μας

Καθώς η αλήθεια μπορεί να φανεί μέσα από πολλές επιρροές και σώματα, η μετενσάρκωση δεν αφορά μόνο την αλλαγή σώματος, αλλά εκδηλώνεται και στην τρέχουσα ζωή μας, καθώς μετακινούμαστε από τόπο σε τόπο, βιώνοντας διαφορετικές κουλτούρες και περιβάλλοντα. Κάθε χώρα και λαός μας διαποτίζει με μια μοναδική ενέργεια που μας επηρεάζει με βαθιά διαφορετικούς τρόπους.

Για παράδειγμα, όταν μετακόμισα από την Ισπανία στη Λιθουανία, κέρδιζα λιγότερα χρήματα, αλλά περιβαλλόμουν από μια διαφορετική ομάδα διεθνών φίλων. Αργότερα, όμως, βίωσα άγχος και ακόμη περισσότερες οικονομικές δυσκολίες. Αυτή η εμπειρία της μετακίνησης μεταξύ περιβαλλόντων είναι παρόμοια με αυτό που συμβαίνει μεταξύ των ζωών. Οι τραυματικές εμπειρίες, όπως αυτές που συμβαίνουν μεταξύ των ζωών ή στην τρέχουσα ζωή μας, μπορούν να μπλοκάρουν τον εγκέφαλό μας και να δυσκολεύουν τη μνήμη του παρελθόντος, κάνοντάς μας να νιώθουμε ηλίθιοι ή ανίκανοι.

Ξεμπλοκάροντας αυτά τα τραύματα, μπορούμε να αξιοποιήσουμε πλήρως τις δυνατότητές μας και να λειτουργήσουμε σε υψηλότερο επίπεδο. Επομένως, είναι σημαντικό να κατανοήσουμε ότι οι αντιδράσεις μας στις εμπειρίες είναι πολύπλοκες και ότι η μετενσάρκωση παίζει σημαντικό ρόλο στη διαμόρφωση της ζωής μας. Δεν είμαστε αυτό που νομίζουμε ότι είμαστε, αλλά μάλλον ένα προϊόν των περιστάσεων.Ο φόβος παίζει επίσης σημαντικό ρόλο στη ζωή μας, συχνά μας παραλύει και μας εμποδίζει να αποδεχτούμε πλήρως την αλήθεια. Όμως, όπως είπε ο Ιησούς, «η αλήθεια θα σας ελευθερώσει», και η γνώση μπορεί να βάλει τέλος στο φόβο και να μας βοηθήσει να βρούμε το δρόμο μας. Ο Ιησούς σίγουρα δεν μιλούσε για δόγματα, γιατί δεν μπορείς να μάθεις δόγματα, μπορείς μόνο να τα αποδεχτείς. Επομένως, η αλήθεια στην οποία αναφερόταν ο Ιησούς ήταν η γνώση της άπειρης ικανότητάς μας να λαμβάνουμε πληροφορίες. Ωστόσο, πολλοί άνθρωποι φοβούνται να αντιμετωπίσουν την αλήθεια και να αποδειχθεί ότι έχουν άδικο, γεγονός που μπορεί να θέσει σε κίνδυνο την προσωπική τους ανάπτυξη. Επομένως, ο θάνατος μπορεί να αναγκάσει τους ανθρώπους να αλλάξουν γρήγορα και να τους αφυπνίσει στην αλήθεια, όπως συμβαίνει με όσους χάνουν τους συζύγους τους. Με το θάνατο, μαθαίνουν να βρίσκουν τον εαυτό τους και να αποδέχονται τις αλλαγές, πεθαίνοντας μαζί με το άτομο που πέθανε.

Ο θάνατος δεν είναι μόνο φυσικός και μπορούμε να τον βιώσουμε και συναισθηματικά, όταν οι άνθρωποι αποφασίζουν να φύγουν από τη ζωή μας επειδή η καρδιά τους δεν ήταν ποτέ μαζί μας.Πολλοί άνθρωποι δυσκολεύονται να διακρίνουν αυτές τις δύο καταστάσεις, επειδή παραμελούν τη σημασία του να είσαι ερωτευμένος και να κάνεις πράγματα για να σε θαυμάζουν. Ας κατανοήσουμε λοιπόν τη διαφορά μεταξύ ενός δημόσιου προσώπου και μιας δημόσιας κατοχής: Ένα δημόσιο πρόσωπο είναι κάποιος που έχει επιλέξει να βρίσκεται στο επίκεντρο της προσοχής, είτε μέσω του επαγγέλματός του, είτε μέσω των ταλέντων του, είτε μέσω των πεποιθήσεών του. Έχουν την ευθύνη να διατηρούν μια ορισμένη εικόνα και να συμπεριφέρονται με τρόπο που αρμόζει στον ρόλο τους.

Από την άλλη πλευρά, ένα δημόσιο πρόσωπο είναι κάποιος που αντικειμενοποιείται από άλλους για τους δικούς τους σκοπούς. Δεν έχουν τον έλεγχο της εικόνας τους και συχνά αισθάνονται αδύναμοι να επιβληθούν. Είναι σημαντικό να αναγνωρίζουμε τη διαφορά μεταξύ αυτών των δύο κατηγοριών και να σεβόμαστε τα άτομα γι' αυτό που πραγματικά είναι, αντί να προσπαθούμε να τα εντάξουμε σε μια προκατειλημμένη αντίληψη για το πώς πρέπει να συμπεριφέρονται.Το ίδιο ισχύει και για τη διάκριση μεταξύ ενός ταπεινού ατόμου και ενός αδύναμου ατόμου: Ένα ταπεινό άτομο είναι εκείνο που έχει αυτοπεποίθηση για τις ικανότητες και τα επιτεύγματά του, αλλά αναγνωρίζει επίσης τους περιορισμούς και τις αδυναμίες του. Είναι σε θέση να δέχεται και να μαθαίνει από την κριτική και είναι πρόθυμος να βοηθήσει τους άλλους χωρίς να περιμένει τίποτα σε αντάλλαγμα.

Ένα αδύναμο άτομο, από την άλλη πλευρά, είναι κάποιος που δεν είναι σίγουρος για τον εαυτό του και δεν έχει τη δύναμη να υπερασπιστεί αυτά που πιστεύει. Μπορεί να φαίνονται ταπεινοί, αλλά στην πραγματικότητα φοβούνται να υπερασπιστούν τον εαυτό τους. Είναι σημαντικό να καλλιεργούμε την ταπεινότητα, αλλά όχι εις βάρος της αυτοεκτίμησης και της αυτοπεποίθησής μας.Ομοίως, υπάρχει διαφορά μεταξύ κάποιου που βοηθάει τους άλλους και κάποιου με χαμηλή αυτοεκτίμηση: Ένα άτομο που βοηθάει τους άλλους το κάνει από γνήσια επιθυμία να κάνει μια θετική διαφορά στον κόσμο. Έχει εμπιστοσύνη στον εαυτό του και δεν αισθάνεται ότι απειλείται από την επιτυχία των άλλων.

Ένα άτομο με χαμηλή αυτοεκτίμηση μπορεί επίσης να βοηθήσει τους άλλους, αλλά συνήθως από ανάγκη για επιβεβαίωση και έγκριση. Ψάχνουν πάντα για εξωτερική επικύρωση επειδή δεν πιστεύουν στον εαυτό τους. Είναι σημαντικό να καλλιεργήσουμε μια γνήσια επιθυμία να βοηθήσουμε τους άλλους, αλλά όχι σε σημείο που να γίνεται δεκανίκι για τις δικές μας ανασφάλειες.Μια άλλη σημαντική διάκριση που πρέπει να κάνουμε είναι μεταξύ ενός πνευματικού ατόμου και ενός ανεκτικού ατόμου: Ένα πνευματικό άτομο είναι εκείνο που συνδέεται με την αίσθηση κάποιου μεγαλύτερου από τον εαυτό του. Μπορεί να έχουν ένα θρησκευτικό ή φιλοσοφικό σύστημα πεποιθήσεων, αλλά αυτό έχει τις ρίζες του σε μια βαθιά αίσθηση εσωτερικής ειρήνης και ικανοποίησης.

Ένα άτομο που ανέχεται τα πάντα, από την άλλη πλευρά, είναι κάποιος που στερείται διάκρισης και δεν είναι σε θέση να κάνει επιλογές με βάση τις δικές του αξίες και πεποιθήσεις. Μπορεί να φαίνεται ότι είναι ανοιχτόμυαλος, αλλά στην πραγματικότητα απλώς παρασύρεται σε μια θάλασσα σύγχυσης και αβεβαιότητας.

Είναι σημαντικό να μένουμε προσγειωμένοι στην αίσθηση του σκοπού μας και να παίρνουμε αποφάσεις με βάση αυτό που είναι πραγματικά σημαντικό για εμάς. Θα πρέπει όμως επίσης να σημειώσουμε τη διαφορά μεταξύ της δυστυχίας που βιώνουμε και της δυστυχίας που δημιουργούμε στον εαυτό μας: Όλοι βιώνουμε πόνο και δυστυχία στη ζωή μας, αλλά είναι σημαντικό να αναγνωρίζουμε πότε δημιουργούμε περιττή δυστυχία στον εαυτό μας. Αυτό μπορεί να πάρει τη μορφή αρνητικής αυτο-ομιλίας, αυτοκαταστροφικής συμπεριφοράς ή ανθυγιεινών σχέσεων. Είναι σημαντικό να εντοπίσουμε αυτά τα μοτίβα και να εργαστούμε για να τα σπάσουμε, ώστε να μπορέσουμε να βιώσουμε υψηλότερα επίπεδα ευτυχίας και ολοκλήρωσης στη ζωή μας.Δεν είμαστε απλά αντικείμενα σε έναν υλικό κόσμο. Είμαστε σύνθετα, πολύπλευρα όντα με τη δύναμη να δημιουργούμε τη δική μας πραγματικότητα. Καλλιεργώντας μια μεγαλύτερη αίσθηση αυτογνωσίας και διάκρισης, μπορούμε να αρχίσουμε να κάνουμε επιλογές που ευθυγραμμίζονται με τις πραγματικές μας αξίες και πεποιθήσεις. Μόνο τότε μπορούμε να γίνουμε πραγματικά παρόντες στον κόσμο και να βιώσουμε την πληρότητα της ζωής.

Κεφάλαιο 13: Καλλιεργώντας την πίστη στο άγνωστο

Καθώς πολλοί άνθρωποι δεν κατανοούν τη διαφορά μεταξύ του να αγαπιέται κανείς και του να γίνεται αποδεκτός, συγχέουν επίσης το να αγαπούν κάποιον με το ναρκισσιστικό φθόνο. Συγχέουν τα συναισθήματα προσκόλλησης με την αγάπη, και όλα αυτά έχουν τις ρίζες τους στην ανάγκη για αυτοεπιβεβαίωση.Οι αρχαίοι ελληνικοί μύθοι απεικονίζουν συχνά όμορφες γυναίκες που παρασύρουν τους άνδρες στην καταδίκη τους. Είναι μια προειδοποιητική ιστορία που φαίνεται να επαναλαμβάνεται στη σημερινή κοινωνία. Έχω πέσει και εγώ σε αυτή την παγίδα, οπότε γνωρίζω από πρώτο χέρι πόσο δύσκολο μπορεί να είναι να δεις πέρα από την ψευδαίσθηση της αγάπης. Αλλά η αλήθεια είναι ότι δεν υπάρχει «αληθινή αγάπη» σε αυτόν τον πλανήτη. Με κίνδυνο να ακουστώ κυνικός, πιστεύω ότι αυτό που νιώθουν οι άνθρωποι είναι κυρίως μια προσκόλληση, που συχνά πυροδοτείται από τη σεξουαλική έλξη. Δεν πρόκειται για μια πραγματική σύνδεση που βασίζεται στον αμοιβαίο σεβασμό και την κατανόηση.Ως κάποιος που έχει βιώσει τη ζωή σε πολλές διαφορετικές μορφές και μέσα από πολλά διαφορετικά όντα, έχω νιώσει την αγάπη με τρόπους που οι άνθρωποι στη Γη δεν μπορούν να καταλάβουν. Αυτό που έχω καταλάβει είναι ότι η ανθρώπινη αγάπη φιλτράρεται μέσω του εγκεφάλου, γεγονός που την καθιστά ουσιαστικά μια μορφή αυτο-αγάπης. Τα ανθρώπινα όντα αγαπούν την επικύρωση που λαμβάνουν από τους συντρόφους τους, αντί να τους αγαπούν πραγματικά ως άτομα.

Με άλλα λόγια, τείνουμε να ερωτευόμαστε τον εαυτό μας παρά το άλλο άτομο. Αυτός είναι ο λόγος για τον οποίο οι άνθρωποι συχνά αισθάνονται μια αίσθηση απώλειας ή προδοσίας όταν ο σύντροφός τους δεν ανταποκρίνεται στις προσδοκίες τους. Έχουν επενδύσει μεγάλο μέρος της αυτοεκτίμησής τους στη σχέση και στην επικύρωση που αυτή προσφέρει.

Αυτή η έννοια της αγάπης είναι περίπλοκη και μπορεί να είναι δύσκολο να κατανοηθεί, αλλά το πρόβλημα δεν είναι η ίδια η αγάπη, αλλά η ερμηνεία που η ανθρωπότητα είναι ικανή να κατανοήσει στο επίπεδό της.

Δεν είναι πάντα σαφές από πού προέρχονται τα συναισθήματά μας ή γιατί νιώθουμε έλξη για ορισμένους ανθρώπους σε σχέση με άλλους. Αλλά πρέπει να θυμόμαστε ότι η έλξη που νιώθουμε για κάποιον έχει συνήθως τις ρίζες της στη δική μας ανάγκη για επιβεβαίωση. Θέλουμε να νιώθουμε καλά με τον εαυτό μας, και το να έχουμε κάποιον που μας κάνει να νιώθουμε επιθυμητοί ή σημαντικοί μπορεί να είναι μια ισχυρή πηγή επικύρωσης. Αυτό δεν σημαίνει ότι τα συναισθήματά μας δεν είναι αληθινά ή ότι πρέπει να ντρεπόμαστε γι' αυτά. Απλώς είναι σημαντικό να αναγνωρίσουμε ότι τα συναισθήματά μας είναι συχνά παγιδευμένα στον εγωισμό και τις επιθυμίες μας.Αυτό που πραγματικά νιώθουμε είναι μια ψεύτικη αίσθηση αυτοεκτίμησης.

Νιώθουμε καλά επειδή νομίζουμε ότι κάποιος έχει καλή γνώμη για εμάς, όχι επειδή είμαστε πραγματικά ευτυχισμένοι με αυτό που είμαστε. Αυτή μπορεί να είναι μια προκλητική συνειδητοποίηση, αλλά είναι ένα απαραίτητο βήμα για να μάθουμε να αγαπάμε τον εαυτό μας και τους άλλους πιο αυθεντικά. Θα πρέπει να είμαστε σε θέση να το συνειδητοποιήσουμε αυτό εξετάζοντας τα κίνητρά μας και τα κίνητρα των άλλων με τις ίδιες ερωτήσεις: Αναζητάτε την επικύρωση ή την αυτοεκτίμηση ή υπάρχει μια βαθύτερη σύνδεση που μοιράζεστε;Να θυμάστε ότι η αγάπη δεν έχει να κάνει μόνο με το πώς κάποιος άλλος σας κάνει να αισθάνεστε - έχει να κάνει και με το πώς αισθάνεστε εσείς για τον εαυτό σας. Αν μάθετε να αγαπάτε και να αποδέχεστε τον εαυτό σας χωρίς να εξαρτάστε από την έγκριση των άλλων, θα είστε καλύτερα εξοπλισμένοι για να δημιουργήσετε υγιείς και ικανοποιητικές σχέσεις.

Οι επιθυμίες μας, όταν εφαρμόζονται από τη σκοτεινή πλευρά της ψυχής μας και ασυνείδητα, έχουν τη δυνατότητα να προκαλέσουν μεγάλο χάος και συγκρούσεις στη ζωή μας. Αλλά ενώ αυτό μπορεί να ακούγεται αρνητικό, στην πραγματικότητα είναι απαραίτητο μέρος της προσωπικής ανάπτυξης και μεταμόρφωσης.

Όταν αποκτούμε νέα γνώση, συχνά αμφισβητεί τις καθιερωμένες πεποιθήσεις και τον τρόπο σκέψης μας, προκαλώντας μας να αμφισβητήσουμε και να αμφισβητήσουμε τις δικές μας αξίες και υποθέσεις. Αυτή η εσωτερική σύγκρουση μπορεί να είναι δυσάρεστη και ακόμη και επώδυνη, αλλά τελικά οδηγεί σε μια βαθύτερη κατανόηση του κόσμου και του εαυτού μας.Αυτή η διαδικασία μετασχηματισμού είναι παρόμοια με την αλχημική διαδικασία κατά την οποία η βασική ουσία μετασχηματίζεται σε κάτι μεγαλύτερο μέσα από μια σειρά σταδίων που περιλαμβάνουν το χάος, τη διάλυση και την τελική αναγέννηση. Ακριβώς όπως ο αλχημιστής χρειάζεται να βιώσει τη χαοτική διαδικασία μετατροπής του μολύβδου σε χρυσό, έτσι κι εμείς πρέπει να αγκαλιάσουμε το χάος και τη σύγκρουση που συνεπάγεται η απόκτηση νέας γνώσης προκειμένου να μεταμορφώσουμε τον εαυτό μας και τη ζωή μας.Αυτή η διαδικασία συναντά συχνά αντίσταση, τόσο εσωτερική όσο και εξωτερική, επειδή τα ανθρώπινα όντα τείνουν να αντιστέκονται στις νέες ιδέες που αμφισβητούν τις καθιερωμένες πεποιθήσεις και τον τρόπο σκέψης τους, γεγονός που οδηγεί σε περιφρόνηση, διαφοροποίηση, ακόμη και σε διανοητική τύφλωση. Όμως, η πραγματική ανάπτυξη και μεταμόρφωση δεν μπορούν να συμβούν χωρίς αυτή τη δυσφορία και τη σύγκρουση. Είναι σημαντικό να κατανοήσουμε και να αποδεχτούμε αυτή τη διαδικασία, αντί να προσπαθούμε να την αποφύγουμε ή να την καταστείλουμε.

Όσοι προσπαθούν να αποφύγουν ή να αγνοήσουν αυτή τη διαδικασία είναι καταδικασμένοι σε στασιμότητα και έλλειψη προσωπικής ανάπτυξης. Μπορεί να βλέπουν τον κόσμο με όρους θετικούς και αρνητικούς, αλλά αποτυγχάνουν να κατανοήσουν την ουσία της ζωής - την ανάγκη για θάνατο και αναγέννηση.

Πολλοί από τους σημερινούς ηγέτες μας δεν φαίνεται να κατανοούν αυτή την ουσιαστική αλήθεια. Προσπαθούν να κατευνάσουν τις μάζες με απλές, ασπρόμαυρες λύσεις, αποτυγχάνοντας να αναγνωρίσουν την πολυπλοκότητα των προβλημάτων που αντιμετωπίζουμε ως κοινωνία. Αγνοούν το χάος και τις συγκρούσεις που είναι απαραίτητες για την πραγματική αλλαγή και αντ' αυτού επιδιώκουν να διατηρήσουν το status quo. Όμως η αλλαγή είναι αναπόφευκτη και όσοι δεν την αποδέχονται θα παρασυρθούν αναπόφευκτα από αυτήν. Είναι δική μας ευθύνη ως άτομα να αναλάβουμε τον έλεγχο αυτής της διαδικασίας, να γίνουμε η αιτία και όχι το αποτέλεσμα της δικής μας μεταμόρφωσης.

Για να το κάνουμε αυτό, πρέπει να είμαστε ανοιχτοί σε νέες ιδέες και προοπτικές, ακόμη και αν αυτές αμφισβητούν τις μακροχρόνιες πεποιθήσεις μας. Πρέπει να είμαστε πρόθυμοι να βιώσουμε τη δυσφορία και τις συγκρούσεις που συνοδεύουν την προσωπική μας ανάπτυξη, συνειδητοποιώντας ότι όλα αυτά είναι απαραίτητα για την τελική μας αναγέννηση.Στην καθημερινή μας ζωή, μπορούμε να δούμε παραδείγματα αυτής της διαδικασίας παντού γύρω μας. Η κάμπια πρέπει να περάσει μέσα από το χάος και τη διάλυση πριν γίνει πεταλούδα. Ο σπόρος πρέπει πρώτα να διαλυθεί πριν βλαστήσει και γίνει φυτό. Ακόμη και το ίδιο μας το σώμα περνάει από μια διαδικασία συνεχούς κυτταρικού θανάτου και αναγέννησης. Είναι στο χέρι μας να γίνουμε οι αλχημιστές της δικής μας ζωής, να μετατρέψουμε τη βασική ουσία των εμπειριών μας σε κάτι μεγαλύτερο και πιο ουσιαστικό.

Κεφάλαιο 14: Αποδοχή της αβεβαιότητας

Καταλαβαίνω πόσο δύσκολο μπορεί να είναι να κατανοήσουμε την έννοια της πίστης, ειδικά σε έναν κόσμο όπου είμαστε μαθημένοι να πιστεύουμε ότι αυτό που βλέπουμε είναι το μόνο που υπάρχει. Σας ζητώ όμως να σταματήσετε για μια στιγμή και να σκεφτείτε την πιθανότητα ότι υπάρχουν πολύ περισσότερα σε αυτόν τον κόσμο από όσα βλέπουμε με το μάτι.Για μεγάλο μέρος της ζωής μου, ήμουν όπως οι περισσότεροι άνθρωποι - θύμα της άγνοιάς μου. Έπαιρνα τα πράγματα στην ονομαστική τους αξία και δεν μπορούσα να κοιτάξω πέρα από τη σφαίρα της λογικής και της λογικής. Καθώς όμως εμβαθύνω στις διδασκαλίες διαφόρων πνευματικών και φιλοσοφικών παραδόσεων, συνειδητοποίησα τις πραγματικές δυνατότητες της πίστης. Έμαθα ότι η πίστη δεν χρειάζεται να περιορίζεται σε θρησκευτικές πεποιθήσεις, αλλά μπορεί να είναι ένα ισχυρό εργαλείο που μπορεί να μεταμορφώσει τη ζωή ενός ανθρώπου.Στην ουσία της, η πίστη είναι η πεποίθηση ότι κάτι υπάρχει, ακόμη και αν δεν μπορεί να φανεί ή να αποδειχθεί. Είναι η εμπιστοσύνη στο άγνωστο, η παράδοση στην ιδέα ότι υπάρχει μια δύναμη μεγαλύτερη από εμάς τους ίδιους. Η πίστη περιλαμβάνει την εγκατάλειψη της ανάγκης μας για έλεγχο και την αποδοχή της αβεβαιότητας. Είναι η ικανότητα να αφήνουμε τον φόβο, την αμφιβολία και το άγχος και να παραδινόμαστε στο άγνωστο.

Αυτό το άγνωστο δεν είναι μια παθητική σφαίρα που βρίσκουμε κλείνοντας τα μάτια μας και αγνοώντας τις ανάγκες μας, αλλά μάλλον η ίδια μας η άγνοια για το μέλλον, τις δυνατότητες, τις συνθήκες και τις αντιφάσεις στη ζωή μας - απολύτως όλα όσα δεν μπορούμε να καταλάβουμε.Τώρα, αντιλαμβάνομαι ότι αυτό μπορεί να φαίνεται ευκολότερο να το λέμε παρά να το κάνουμε. Εξάλλου, πώς μπορούμε να πιστέψουμε σε κάτι που δεν μπορούμε να δούμε ή να αγγίξουμε; Αλλά η αλήθεια είναι ότι ήδη πιστεύουμε σε πολλά πράγματα που δεν μπορούμε να δούμε. Για παράδειγμα, πιστεύουμε στους φυσικούς νόμους που διέπουν το σύμπαν. Πιστεύουμε ότι ο ήλιος θα ανατέλλει κάθε πρωί και ότι η Γη θα συνεχίσει να περιστρέφεται. Πιστεύουμε ότι ο αέρας που αναπνέουμε θα συντηρεί τη ζωή μας. Έτσι, η πίστη αποτελεί ουσιαστικό μέρος της καθημερινής μας ζωής, ακόμη και αν δεν το συνειδητοποιούμε.Αλλά η πίστη για την οποία μιλάω ξεπερνά την καθημερινή μας ρουτίνα. Είναι μια πίστη που μας επιτρέπει να έχουμε πρόσβαση στις άπειρες δυνατότητες του σύμπαντος. Είναι μια πίστη που μας επιτρέπει να δημιουργήσουμε την πραγματικότητά μας αντί να είμαστε παγιδευμένοι από τους περιορισμούς του φυσικού μας κόσμου. Είναι μια πίστη που μπορεί να μας βοηθήσει να ξεπεράσουμε κάθε εμπόδιο και να φτάσουμε στις μεγαλύτερες δυνατότητές μας.

Πώς μπορούμε να καλλιεργήσουμε αυτή την πίστη, θα αναρωτηθείτε;

Το πρώτο βήμα είναι να αφήσουμε την προσκόλλησή μας στον φυσικό κόσμο. Πρέπει να συνειδητοποιήσουμε ότι αυτό που βλέπουμε με τα μάτια μας είναι μόνο μια μικρή αναλαμπή της απεραντοσύνης αυτού του σύμπαντος. Πρέπει να ανοίξουμε το μυαλό μας στην πιθανότητα ότι η ζωή είναι κάτι περισσότερο από αυτό που μπορούμε να μετρήσουμε ή να ποσοτικοποιήσουμε. Πρέπει να είμαστε πρόθυμοι να αφήσουμε την ανάγκη μας για έλεγχο και να εμπιστευτούμε το άγνωστο.Το επόμενο βήμα είναι να καλλιεργήσουμε το αίσθημα της ευγνωμοσύνης. Όταν εστιάζουμε σε αυτά για τα οποία είμαστε ευγνώμονες, αποσπάμε την προσοχή μας από αυτά που μας λείπουν. Η ευγνωμοσύνη μας επιτρέπει να έχουμε πρόσβαση στην αφθονία του σύμπαντος και να ευθυγραμμιζόμαστε με την ενέργεια της θετικότητας και της ελπίδας. Μέσω της ευγνωμοσύνης, μπορούμε να αναγνωρίσουμε τη δύναμη της πίστης και να αρχίσουμε να εκδηλώνουμε τις μεγαλύτερες επιθυμίες μας.Μια άλλη σημαντική πτυχή της καλλιέργειας της πίστης είναι ο οραματισμός. Ο οραματισμός είναι η πρακτική της νοητικής δημιουργίας μιας εικόνας του επιθυμητού αποτελέσματος. Οραματιζόμενοι αυτό που θέλουμε, στέλνουμε ένα μήνυμα στο σύμπαν ότι είμαστε έτοιμοι να το λάβουμε.

Ο οραματισμός μας βοηθά να ευθυγραμμίσουμε τις σκέψεις και τα συναισθήματά μας με τις βαθύτερες επιθυμίες μας, δημιουργώντας μια ισχυρή δύναμη που μπορεί να μεταμορφώσει τη ζωή μας.Φυσικά, η καλλιέργεια της πίστης δεν είναι πάντα εύκολη. Θα υπάρξουν στιγμές που θα αμφιβάλλουμε για τον εαυτό μας και τις ικανότητές μας. Αλλά σε αυτές τις στιγμές πρέπει να θυμόμαστε ότι η πίστη είναι ένα ταξίδι, όχι ένας προορισμός. Είναι μια πρακτική που απαιτεί υπομονή, δέσμευση και επιμονή. Για να απελευθερώσουμε πραγματικά τη δύναμη της πίστης, πρέπει επίσης να καλλιεργήσουμε τη συμπόνια και την αγάπη για τον εαυτό μας και τους άλλους.

Όταν αντιμετωπίζουμε τη ζωή με ανοιχτή καρδιά και μυαλό, στέλνουμε ένα μήνυμα στο σύμπαν ότι είμαστε πρόθυμοι να δεχτούμε τις ευλογίες του. Όταν δείχνουμε αγάπη και καλοσύνη στους άλλους, δημιουργούμε μια θετική ενέργεια που μπορεί να αλλάξει τον κόσμο.

Γι' αυτό πιστεύω ότι η καλοσύνη είναι η πιο υποτιμημένη, αλλά και η πιο σημαντική ιδιότητα στη ζωή. Μέσα από την καλοσύνη, βρίσκετε την αγάπη, και μέσα από την αγάπη, βρίσκετε την ενδυναμωτική ενέργεια της επιθυμίας. Αυτή η επιθυμία δεν είναι πάντα εσωτερική, αλλά είναι και εξωτερική - σας κάνει να θέλετε να ονειρεύεστε κάτι καλύτερο.

Για να συγκρίνετε τις δύο καταστάσεις της επιθυμίας, συγκρίνετε πώς αισθάνεστε όταν είστε μόνοι και πώς αισθάνεστε όταν είστε ερωτευμένοι με κάποιον. Όταν είστε μόνοι, αποζητάτε την παρέα-όταν είστε με κάποιον, επεκτείνετε το επίπεδο της επιθυμίας σας στο εξωτερικό της ζωής, στις δυνατότητες και στα πράγματα που σας κάνουν να θέλετε να δώσετε περισσότερα και καλύτερα πράγματα στον άλλον. Αν κάποιος δεν ενδιαφέρεται για το πώς νιώθεις, δεν σε αγαπάει ή δεν ξέρει τι είναι η αγάπη.

Κεφάλαιο 15: Η αληθινή αξία της ελευθερίας

Ένα από τα μεγαλύτερα εμπόδια που αντιμετωπίζουμε είναι ο φόβος: ο φόβος της αποτυχίας, ο φόβος της απόρριψης, ο φόβος του αγνώστου. Καθώς όμως εμβαθύνω σε αυτό το συναίσθημα, συνειδητοποίησα ότι υπάρχουν ακόμη μεγαλύτεροι φόβοι από αυτούς - φόβοι που διέπουν ολόκληρο τον τρόπο ζωής μας, αλλά που αγνοούνται σε μεγάλο βαθμό. Ο φόβος της τεμπελιάς, για παράδειγμα. Μπορεί να φαίνεται μικρό πράγμα, αλλά η αλήθεια είναι ότι ο φόβος μας να μην κάνουμε τίποτα μπορεί να είναι τόσο μεγάλος που μας παραλύει. Περνάμε τις μέρες μας τρέχοντας από τη μια δουλειά στην άλλη, χωρίς ποτέ να σταματήσουμε να αναπνεύσουμε ή να απολαύσουμε την παρούσα στιγμή. Πιέζουμε τους εαυτούς μας πάρα πολύ και εξαντλούμαστε, πικραμένοι και απογοητευμένοι. Παρόλα αυτά συνεχίζουμε, αμείλικτοι στην επιδίωξη της παραγωγικότητας και της ολοκλήρωσης, φοβούμενοι ότι αν σταματήσουμε έστω και για μια στιγμή, όλα θα χαθούν.

Εν τω μεταξύ, τρέχουμε να ξεφύγουμε από έναν άλλο φόβο - τον φόβο της επιτυχίας. Στην πραγματικότητα, συχνά αναρωτιέμαι αν οι άνθρωποι φοβούνται να πετύχουν αυτό που θέλουν, γιατί φαίνεται ότι όσο πιο κοντά φτάνουν, τόσο περισσότερες δικαιολογίες βρίσκουν για να σταματήσουν τον εαυτό τους.

Όταν το ξεπερνάς αυτό, βρίσκεις τον φόβο της σπατάλης χρόνου, όπου βρίσκομαι τώρα. Ο φόβος της σπατάλης του χρόνου είναι ένας μεγάλος φόβος. Ζούμε σε μια κουλτούρα που εκτιμά τη συνεχή καινοτομία και την πρόοδο, οπότε διδασκόμαστε από μικρή ηλικία ότι η αξία μας συνδέεται με την παραγωγικότητά μας. Νιώθουμε ενοχές αν κάνουμε ένα διάλειμμα ή αν αφεθούμε σε κάτι καθαρά για ευχαρίστηση, πεπεισμένοι ότι σπαταλάμε τον πολύτιμο χρόνο μας. Αυτό όμως που δεν συνειδητοποιούμε είναι ότι ο χρόνος δεν είναι ένα αγαθό που πρέπει να σπαταλήσουμε ή να εξοικονομήσουμε - είναι ένα δώρο που πρέπει να εκτιμάται και να χρησιμοποιείται στην υπηρεσία αυτού που είναι πραγματικά σημαντικό για εμάς. Χωρίς να χρησιμοποιούμε τον χρόνο για τη δική μας ευτυχία, ο φόβος της σπατάλης του έχει ελάχιστο νόημα. Πρέπει να αντικατασταθεί από κάτι άλλο, τον φόβο ότι θα ζήσουμε μια ζωή χωρίς νόημα.

Ο φόβος μιας ζωής χωρίς νόημα είναι πιο περίπλοκο να εξηγηθεί. Θα έπρεπε να γράψω ένα ολόκληρο βιβλίο για να τον εξηγήσω σωστά. Στην ουσία, πρόκειται για το να μην ξέρουμε αν αυτό που κάνουμε με τον χρόνο μας είναι πολύτιμο ή όχι.

Κάποτε με ρώτησαν πώς ξέρω αν η απόφασή μου θα οδηγήσει σε επιτυχία ή αποτυχία, και η απάντηση ήταν: «Δεν ξέρω». Το άτομο που έκανε την ερώτηση εξεπλάγη πολύ, επειδή αυτό έγινε μπροστά στην τάξη της και με είχε καλέσει στο πανεπιστήμιο για να μιλήσω για την επιτυχία. Φάνηκε ότι είχα ακυρώσει τον εαυτό μου και τις γνώσεις μου σε αυτή την παρουσίαση. Αυτή είναι μια συνηθισμένη υπόθεση που κάνουν οι άνθρωποι για μένα, ιδίως στην Ευρώπη, και κυρίως επειδή περιμένουν να είμαι αλαζόνας, όπως είναι πάντα για πράγματα για τα οποία δεν γνωρίζουν τίποτα.

Συνέχισα να εξηγώ ότι η πειθαρχία του να αντιμετωπίζεις τους φόβους σου, του να μην ξέρεις αν αυτό που κάνεις θα σε οδηγήσει σε μια καλύτερη ζωή ή θα σε σκοτώσει στην απόλυτη δυστυχία, είναι πιο σημαντική από το να ξέρεις τι κάνεις.

Αυτό ακούγεται τρομακτικό επειδή οι άνθρωποι, ιδίως οι Ευρωπαίοι, θέλουν να βασίζονται στις αλαζονικές ιδέες τους για τη ζωή και στην παραληρηματική ιδέα τους ότι αν σκεφτούν κάτι, το αποτέλεσμα πρέπει να είναι σύμφωνα με το σχέδιό τους.

Κάποιος με ρώτησε κάποτε θυμωμένα: «Ποιο είναι το σχέδιό σου;».

«Το σχέδιό μου;» Απάντησα, κοιτάζοντάς τον και επιβεβαιώνοντας στον εαυτό μου ότι μιλούσα σε έναν ανταγωνιστικό ηλίθιο.

Εκείνος συνέχισε να επαναλαμβάνει: «Ναι, το σχέδιό σου! Ποιο είναι το σχέδιό σου;»

Τώρα, υπάρχει κάτι πολύ ενδιαφέρον με τους Ευρωπαίους, το οποίο είναι ότι είναι τόσο ηλίθιοι και αλαζόνες που πιστεύουν ότι επαναλαμβάνοντας την ίδια ερώτηση αρκετές φορές θα την επικυρώσουν. Εγώ όμως τον αγνόησα τελείως και προφανώς υπέθεσε ότι του έκρυβα το σχέδιό μου, γιατί ένα άλλο πράγμα που κάνουν οι ηλίθιοι και αλαζόνες άνθρωποι, ειδικά στην Ευρώπη, είναι να υποθέτουν ότι αν οι ερωτήσεις τους δεν απαντηθούν, το άτομο που ρωτούν κάτι κρύβει.

Λοιπόν, η αλήθεια είναι ότι έχω ήδη εκπληρώσει το σχέδιο της ζωής μου και δεν υπάρχει περίπτωση να το εξηγήσω αυτό σε κάποιον που χρειάζεται σχέδιο για να κάνει οτιδήποτε. Οι περισσότεροι άνθρωποι φοβούνται τόσο πολύ το άγνωστο που δεν μπορούν να αποφασίσουν πώς θα περπατήσουν μέχρι να γνωρίζουν τα πόδια τους και την απόσταση.

Φανταστείτε αν οι άνθρωποι έπρεπε να έχουν ένα σχέδιο για τα πάντα! Πόσο χρόνο θα σπαταλούσαν προσπαθώντας να αποφύγουν τα λάθη; Και θα απέφευγαν πραγματικά τα λάθη;

Η απάντηση είναι όχι. Οι άνθρωποι απλά υποθέτουν ότι αν δεν προσπαθήσουν, θα πετύχουν αυτό που έχουν. Είναι αυταπάτη, αλαζονεία και βλακεία να σκέφτονται έτσι, αλλά ακριβώς γι' αυτό οι ίδιοι άνθρωποι σας επικρίνουν επειδή αποτυγχάνετε, επειδή δεν έχετε σχέδιο και επειδή δεν έχετε τις απαντήσεις για τα πάντα. Νομίζουν ότι αυτό κάνει αυτούς σωστούς και εσάς λάθος.

Τι δείχνει αυτό; Ο φόβος της άγνοιας! Αλλά πώς μπορείτε να κρυφτείτε από τον φόβο της άγνοιας; Με το να μην ξέρεις;

Με άλλα λόγια, όσοι φοβούνται να αντιμετωπίσουν τον θάνατο δεν ζουν ποτέ πραγματικά, όπως ακριβώς όσοι φοβούνται να αντιμετωπίσουν το σκοτάδι δεν βρίσκουν ποτέ το φως και όσοι φοβούνται να θεωρηθούν ηλίθιοι δεν βρίσκουν ποτέ τη γνώση.

Οι άνθρωποι συχνά μου λένε ότι δεν πρέπει να χρησιμοποιώ τη λέξη «ηλίθιος» για να περιγράψω αυτούς τους ανθρώπους. Ποιες λέξεις θα πρέπει λοιπόν να χρησιμοποιήσω για να περιγράψω τους ανθρώπους που καταστέλλουν την εξέλιξη, προκαλούν πολέμους και λένε ψέματα στους άλλους για το πώς πρέπει να ζουν; Με πόσο λεπτό τρόπο θα πρέπει να περιγράψω την πιο σκληρή και επίμονη επίθεση στην πνευματική τους φύση;

Κεφάλαιο 16: Βρίσκοντας την ειρήνη στην αποστασιοποίηση

Σε έναν κόσμο που αλλάζει και εξελίσσεται συνεχώς, είναι εύκολο να νιώθουμε συγκλονισμένοι και εκφοβισμένοι από τον τεράστιο όγκο πληροφοριών που έχουμε στη διάθεσή μας. Νομίζουμε ότι πρέπει να γνωρίζουμε τα πάντα, αλλιώς κινδυνεύουμε να μείνουμε πίσω. Αλλά η αλήθεια είναι ότι η γνώση δεν είναι ένας πεπερασμένος πόρος - πάντα θα υπάρχουν περισσότερα να μάθουμε, και δεν πειράζει αν δεν τα ξέρουμε όλα. Αυτό που έχει σημασία είναι να έχουμε δίψα για μάθηση, μια περιέργεια που μας οδηγεί να αναζητούμε νέες εμπειρίες και να διευρύνουμε τους ορίζοντές μας. Γιατί, λοιπόν, οι άνθρωποι φοβούνται να θεωρηθούν αδαείς χωρίς να μαθαίνουν πραγματικά αυτά που πρέπει; Εν μέρει είναι επειδή είναι τόσο βαθιά ριζωμένοι στον πολιτισμό και τον τρόπο ζωής τους που δεν συνειδητοποιούν καν ότι το χρειάζονται. Νομίζω όμως ότι υπάρχει και κάτι βαθύτερο - ο φόβος να αντιμετωπίσουμε τις προσωπικές μας αδυναμίες, να παραδεχτούμε ότι δεν είμαστε τέλειοι και ότι πρέπει να αλλάξουμε.

Η αλλαγή είναι δυνατή. Ξεκινάει με την αναγνώριση των φόβων μας και την κατανόηση του από πού προέρχονται. Σημαίνει να έχουμε το θάρρος να επιβραδύνουμε, να πάρουμε χρόνο για τον εαυτό μας, να ξεκουραστούμε και να γεμίσουμε τις μπαταρίες μας. Σημαίνει να αποδεχτούμε την άγνοιά μας και να αναγνωρίσουμε ότι υπάρχουν πάντα περισσότερα να μάθουμε, περισσότερα να ανακαλύψουμε. Και σημαίνει να αφήσουμε την αδιάκοπη αναζήτηση της παραγωγικότητας και της ολοκλήρωσης και αντ' αυτού να επικεντρωθούμε σε αυτό που πραγματικά μας δίνει χαρά και ικανοποίηση.

Συχνά πρέπει να κάνω ένα διάλειμμα από τη συγγραφή βιβλίων απλώς και μόνο επειδή χρειάζομαι χρόνο και χώρο για να αναλογιστώ την ύπαρξή μου, να επανεξετάσω τις προτεραιότητές μου, να αναλύσω τον σκοπό της συγγραφής μου σε μια απέραντη γραμμική διαδρομή.

Για μένα, το θέμα δεν είναι ποτέ τι κάνω, αλλά πού πηγαίνω, γι' αυτό και έχω ανακαλύψει στη δική μου ζωή ότι αυτές οι αλλαγές μπορεί να είναι δύσκολο να γίνουν. Είναι εύκολο να κολλήσουμε σε παλιά μοτίβα, να ξαναπέσουμε στην άνετη οικειότητα των συνηθειών μας. Μόνο όταν βγαίνουμε από τη ζώνη άνεσής μας και αγκαλιάζουμε το άγνωστο, συμβαίνει κάτι απίστευτο: Αρχίζουμε να βλέπουμε τον κόσμο με άλλο μάτι, να βλέπουμε τη ζωή με φρέσκα μάτια και ανοιχτή καρδιά. Αρχίζουμε να ξεκλειδώνουμε την εσωτερική μας δύναμη, να εξερευνούμε τις βαθύτερες δυνατότητές μας και να γινόμαστε η καλύτερη εκδοχή του εαυτού μας. Και αυτό, πιστεύω, είναι το μεγαλύτερο δώρο που μπορούμε να κάνουμε στον εαυτό μας - το δώρο της μεταμόρφωσης, το δώρο της ανάπτυξης, το δώρο της ζωής χωρίς τους περιορισμούς του φόβου. Και δεν είναι εύκολο, αλλά αξίζει τον κόπο, γιατί μόνο τότε μπορούμε να ζήσουμε πραγματικά τη ζωή που είναι γραφτό να ζήσουμε.

Η Brihadaranyaka Upanishad λέει: «Όταν κοιμάσαι, η συνείδηση και οι αισθήσεις σου αναπαύονται στην ψυχή- η ψυχή κρατάει μέσα της τις δυνάμεις της ζωής - μιλάει, βλέπει, ακούει και σκέφτεται. Έτσι, όταν ονειρεύεσαι, η ψυχή σου εισέρχεται σε έναν κόσμο όπου οι βαθύτερες επιθυμίες σου μπορούν να εκπληρωθούν- μπορείς να γίνεις ένας μεγάλος βασιλιάς ή ένας σοφός ιερέας, όπως εσύ επιλέγεις, και να ταξιδέψεις όπου θέλεις. Συμπεραίνουμε λοιπόν ότι, όπως οι κλωστές βγαίνουν από μια αράχνη και οι σπίθες από μια φωτιά, έτσι και όλες οι δυνάμεις της ζωής και όλοι οι κόσμοι βγαίνουν από την ψυχή- όλη η ύπαρξη βγαίνει από την ψυχή. Επομένως, η ψυχή είναι η αλήθεια, και το να γνωρίζεις την ψυχή σημαίνει να κατανοείς το μυστήριο του Θεού, που είναι η αλήθεια της αλήθειας».

Αυτή η διδασκαλία μας λέει ότι μπορούμε να βρούμε τα όνειρά μας μόνο αν τα αποδεχτούμε, χωρίς να ελέγχουμε το μονοπάτι που μας οδηγεί εκεί. Αλλά αποκαλύπτει επίσης ένα μυστικό τρίγωνο που αποτελεί τον ακρογωνιαίο λίθο του Νόμου της Έλξης. Αυτό το τρίγωνο αποτελείται από τρία απλά μέρη, αλλά μπορεί να είναι αρκετά περίπλοκο όταν εμβαθύνετε σε αυτό. Είναι: η επιθυμία, η δράση και η αντανάκλαση.

Η επιθυμία είναι το πρώτο βήμα στο τρίγωνο. Είναι αυτό που μας ωθεί να θέλουμε περισσότερα στη ζωή. Χωρίς επιθυμία, δεν υπάρχει κίνητρο για να προχωρήσουμε μπροστά. Αλλά πρέπει να είναι ξεκάθαρη, σαν ένα όνειρο. Πρέπει να ξέρετε τι θέλετε με ακλόνητη βεβαιότητα. Χωρίς αυτό, δεν θα βρείτε αυτό που ψάχνετε.Μόλις εντοπιστεί η επιθυμία, το επόμενο βήμα είναι η δράση. Είναι αυτό που είστε διατεθειμένοι να κάνετε για να έχετε το αποτέλεσμα που θέλετε. Είναι η πιο προφανής δράση αυτή τη στιγμή, όπως η μάθηση. Αλλά είναι σημαντικό να θυμάστε ότι χωρίς δράση, τίποτα δεν θα συμβεί. Πρέπει να κάνουμε τη δουλειά για να δούμε τα αποτελέσματα. Δεν αρκεί να εύχεσαι να συμβεί κάτι- πρέπει να το κάνεις πράξη. Το τελευταίο στάδιο του τριγώνου είναι ο προβληματισμός. Αυτό συμβαίνει όταν τα πράγματα που θέλουμε έχουν ήδη εκδηλωθεί. Είναι σημαντικό να σημειώνουμε τις ευκαιρίες και τους ανθρώπους που έρχονται στο δρόμο μας και να προσπαθούμε να τους βλέπουμε ως μέρος των στόχων μας. Κάθε άνθρωπος που συναντάμε έχει κάτι που πρέπει να γνωρίζουμε. Ό,τι σκεφτόμαστε εκδηλώνεται πάντα στην πραγματικότητά μας, γι' αυτό πρέπει να είμαστε προσεκτικοί στις σκέψεις μας. Τα τρία βήματα του τριγώνου πρέπει να συνεργάζονται αν θέλουμε να είμαστε επιτυχημένοι. Πριν πάτε από το Α στο Β, έχετε Α1, Α2, Α3 και ούτω καθεξής. Με άλλα λόγια, πριν πάρετε τα χρήματα που θέλετε, παίρνετε τις ιδέες, τους ανθρώπους που θα σας βοηθήσουν, τις εμπειρίες ζωής και ούτω καθεξής. Αν κοιτάτε μόνο τα χρήματα, δεν θα συνειδητοποιήσετε όλα τα πράγματα που σας οδηγούν προς αυτά.

Για παράδειγμα, υπήρξαν πολλά γεγονότα στη ζωή μου που με έφεραν εκεί που βρίσκομαι σήμερα, συμπεριλαμβανομένων ανθρώπων που φαινόταν να είναι εναντίον μου. Μερικές φορές χρειάζεσαι εχθρούς για να σε αναγκάσουν να παλέψεις προς την αντίθετη κατεύθυνση, κάτι που είναι επίσης αστείο να παρατηρείς, γιατί χωρίς εχθρούς δεν θα σε έσπρωχναν ενάντια στη θέλησή σου.

Όλα λειτουργούν υπέρ μας όταν καταφέρνουμε να δούμε τη ζωή πίσω από τις δυαδικότητες που μας παρουσιάζονται και τα συναισθήματα των άλλων, είτε πρόκειται για χαρά είτε για φθόνο, θυμό ή μίσος. Έτσι, ο Νόμος της Έλξης δεν είναι μόνο το να οραματίζεστε αυτό που θέλετε και να περιμένετε το όνειρο να έρθει σε σας. Έχει να κάνει με το να αναλαμβάνεις δράση και, ταυτόχρονα, να έχεις επίγνωση των σκέψεών σου και του περιβάλλοντός σου και να αναστοχάζεσαι την πρόοδο που κάνεις.

Για παράδειγμα, πόσα θα κερδίσουν οι εχθροί μου αν χάσω τη δουλειά μου και κερδίσω περισσότερα χρήματα ως συγγραφέας πλήρους απασχόλησης και περισσότερη ελευθερία για να ταξιδέψω στον κόσμο; Τι έχω κερδίσει εγώ από τη συκοφαντία, τον φθόνο και το μίσος τους και τι έχουν κερδίσει εκείνοι από την επίτευξη των στόχων τους; Αυτοί είναι εκεί που είναι και εγώ είμαι εκεί που είμαι, αλλά με έσπρωξαν πολύ πιο μακριά και πιο γρήγορα από ό,τι ήθελα να πάω.

Κεφάλαιο 17: Η δύναμη του πεπρωμένου σας

Η επιτυχία δεν είναι τόσο σημαντική όσο η ελευθερία. Στην πραγματικότητα, πιστεύω ότι η ελευθερία είναι η πιο παραμελημένη και υποτιμημένη πτυχή της ζωής. Οι άνθρωποι εργάζονται ακούραστα για δεκαετίες κυνηγώντας το απατηλό όνειρο του πλούτου, αλλά καταλήγουν να έχουν ελάχιστο χρόνο, ενέργεια ή υγεία για να απολαύσουν τους καρπούς των κόπων τους. Για ποιο λόγο; Για να μπορέσουν να ζήσουν τα υπόλοιπα χρόνια τους σε μια στάσιμη κατάσταση αδράνειας, χωρίς σκοπό ή πάθος.

Εγώ, από την άλλη πλευρά, είμαι πλούσιος σε ελευθερία και δεν θα την αντάλλαζα με τίποτα άλλο εκτός από αυτό που θα μου έδινε περισσότερη ελευθερία.Η έννοια της ελευθερίας είναι δύσκολο να γίνει κατανοητή, ιδίως για εκείνους που κατατρώγονται από το δέλεαρ του χρήματος. Ανακάλυψα όμως ότι το κλειδί για την κατανόηση της ελευθερίας βρίσκεται στην αναζήτηση για κάτι μεγαλύτερο από εμάς, κάτι που υπερβαίνει τον υλικό κόσμο. Όταν ανοίγετε το μυαλό σας στις άπειρες δυνατότητες της ζωής, αρχίζετε να βλέπετε την πραγματική αξία του χρόνου και της υγείας και τον ρόλο που παίζουν στην επίτευξη μιας ικανοποιητικής ύπαρξης. Μόνο τότε μπορείτε να αρχίσετε να καταλαβαίνετε την αληθινή έννοια του πλούτου.Είναι δελεαστικό να ταυτίζετε τον πλούτο με τα υλικά αγαθά, αλλά αυτή είναι μια επιφανειακή και λανθασμένη οπτική. Στην πραγματικότητα, ο πλούτος είναι μια υποκειμενική έννοια και εναπόκειται στον καθένα να καθορίσει τι τον κάνει να αισθάνεται πραγματικά πλούσιος. Για κάποιους μπορεί να είναι ένα πολυτελές σπίτι ή ένα σπορ αυτοκίνητο, αλλά για μένα είναι η δυνατότητα να περνάω τις μέρες μου όπως θέλω, να ακολουθώ τα πάθη μου και να ζω χωρίς τους περιορισμούς ενός αυστηρού προγράμματος ή ενός καταπιεστικού αφεντικού.Αυτός ο τρόπος ζωής φέρνει μαζί του μια ελευθερία, μια αίσθηση απελευθέρωσης που τα χρήματα δεν μπορούν να αγοράσουν. Επιτρέπει τη δημιουργικότητα, την εξερεύνηση και την προσωπική ανάπτυξη, γεγονός που συμβάλλει σε μια πιο πλούσια και ικανοποιητική ζωή. Αυτό, με τη σειρά του, επιτρέπει στο άτομο να επιτύχει μια μεγαλύτερη αίσθηση σκοπού και νοήματος, που είναι ο απώτερος στόχος για όσους αναζητούν τον πραγματικό πλούτο.Φυσικά, αυτό δεν σημαίνει ότι τα χρήματα είναι άσχετα. Αντιθέτως, τα χρήματα αποτελούν απαραίτητο μέρος της σύγχρονης κοινωνίας και μπορούν σίγουρα να βελτιώσουν την ποιότητα ζωής ενός ατόμου. Αλλά όταν τα χρήματα γίνονται το μοναδικό επίκεντρο της ύπαρξης ενός ατόμου, είναι εύκολο να χάσει κανείς από τα μάτια του την ευρύτερη εικόνα. Είναι εύκολο να κολλήσει κανείς στα υλικά αγαθά και να ξεχάσει τις άυλες πτυχές της ζωής που την κάνουν να αξίζει πραγματικά να ζει.

Όσοι δεν εκτιμούν την ελευθερία είναι, κατά κάποιον τρόπο, σκλάβοι του υλικού κόσμου. Είναι φυλακισμένοι από τις ίδιες τους τις επιθυμίες, παγιδευμένοι σε έναν κύκλο κατανάλωσης και συσσώρευσης που δεν προσφέρει καμία διαρκή ικανοποίηση. Εργάζονται ακούραστα για να διατηρήσουν ένα ορισμένο βιοτικό επίπεδο, αλλά σπάνια είναι ικανοποιημένοι. Η ζωή τους είναι γεμάτη άγχος, ανησυχία και μια συνεχή αίσθηση δυσφορίας, καθώς προσπαθούν να ανταποκριθούν στις απαιτήσεις μιας καταναλωτικής κοινωνίας. Αλλά για εκείνους που εκτιμούν την ελευθερία, η ζωή αποκτά ένα πολύ διαφορετικό νόημα. Δεν περιορίζονται από τους περιορισμούς του υλικού κόσμου, ούτε υπόκεινται στις ιδιοτροπίες των άλλων. Είναι ελεύθεροι να εξερευνήσουν, να δημιουργήσουν, να καινοτομήσουν και να ζήσουν τη ζωή με τους δικούς τους όρους. Είναι ελεύθεροι να επιλέξουν το δικό τους πεπρωμένο και να βαδίσουν το δικό τους μονοπάτι στον κόσμο, μεταμορφώνοντας όχι μόνο τους εαυτούς τους, αλλά όλα και όλους όσους συναντούν.Αυτό το επίπεδο ελευθερίας δεν είναι εύκολο. Απαιτεί πολλές θυσίες, σκληρή δουλειά και αφοσίωση για κάποιο χρονικό διάστημα, αλλά οι ανταμοιβές είναι ανυπολόγιστες. Με την ελευθερία έρχεται μια αίσθηση σκοπού, ικανοποίησης και εκπλήρωσης που δεν μπορεί να βρεθεί στο κυνήγι των υλικών αγαθών. Επιτρέπει σε ένα άτομο να ακολουθήσει τα πάθη του και να ζήσει μια ζωή που είναι πραγματικά δική του.Εκείνοι που εκτιμούν την ελευθερία, τον χρόνο και την υγεία είναι αυτοί που καταλαβαίνουν πραγματικά τι σημαίνει να είσαι πλούσιος. Έχουν απελευθερωθεί από τις κοινωνικές πιέσεις του υλισμού και έχουν βρει μια βαθύτερη αίσθηση του σκοπού και του νοήματος της ζωής. Έχουν αγκαλιάσει τη δύναμη της ελευθερίας και έχουν επιτύχει ένα επίπεδο πλούτου που λίγοι θα γνωρίσουν ποτέ.

Μπορούμε να πούμε ότι ο πλούτος είναι σχετικός, ενώ η ελευθερία είναι υποκειμενική, αλλά ενώ δεν υπάρχει ανώτατο όριο στον πλούτο, αν εργάζεστε σε κάτι που σας παθιάζει και του οποίου τα αποτελέσματα δεν περιορίζονται από τον χρόνο που ξοδεύετε, η ελευθερία είναι πολύ παρατηρήσιμη, γιατί είτε την έχετε είτε όχι. Θα μπορούσατε να σταματήσετε όλα όσα κάνετε τώρα, αν το θέλατε, και να επιβιώσετε για πολλές δεκαετίες; Και αν πέθαινες, θα συνέχιζαν οι άνθρωποι που αγαπάς να επωφελούνται από τα αποτελέσματά σου; Αυτό είναι ελευθερία!

Κεφάλαιο 18: Επαναπροσδιορίζοντας τον πλούτο

Η ζωή είναι ένα ταξίδι προκλήσεων και θριάμβων, και όλοι μας περνάμε και από τα δύο. Αυτό που μας διαφοροποιεί, ωστόσο, είναι ο τρόπος με τον οποίο αντιδρούμε σε αυτές τις εμπειρίες.

Ως κάποιος που έχει αντιμετωπίσει το μερίδιο των αποτυχιών και των στιγμών απόγνωσης που μου αναλογεί, έχω μάθει ότι το πιο σημαντικό πράγμα που μπορούμε να κάνουμε είναι να αποστασιοποιηθούμε τόσο από τον πόνο όσο και από την επιτυχία και αντ' αυτού να επικεντρωθούμε στο να μαθαίνουμε από όλα όσα μας συμβαίνουν. Αυτό δεν είναι πάντα εύκολο, όπως γνωρίζω από προσωπική εμπειρία. Μας πιάνουν τόσο πολύ τα συναισθήματά μας που είναι δύσκολο να κάνουμε ένα βήμα πίσω και να δούμε τη συνολική εικόνα. Προσκολλούμαστε στα πράγματα που μας προκαλούν πόνο και κολλάμε στα πράγματα που μας φέρνουν επιτυχία. Αλλά είναι απαραίτητο να αφήσουμε αυτές τις προσκολλήσεις, ώστε να μπορέσουμε πραγματικά να αναπτυχθούμε και να προχωρήσουμε μπροστά.Το να μάθουμε να το αφήνουμε είναι ένα ταξίδι από μόνο του. Δεν συμβαίνει από τη μια μέρα στην άλλη- χρειάζεται χρόνος και υπομονή. Αλλά η ανταμοιβή αξίζει τον κόπο. Όταν σταματήσουμε να προσκολλούμαστε στον πόνο και στις επιτυχίες μας, μπορούμε επιτέλους να αρχίσουμε να βιώνουμε τη ζωή με έναν νέο τρόπο. Το ξέρετε αυτό γιατί όταν σταματήσετε να γκρινιάζετε και να παραπονιέστε όταν χτυπάει το ξυπνητήρι το πρωί και αποφασίσετε να πάτε για τρέξιμο ενώ δεν θέλετε και κάνει κρύο, τότε κάνετε πράγματα, είτε σας αρέσει είτε όχι. Τότε ξέρεις ότι η επιτυχία δεν περιορίζεται τόσο πολύ στα συναισθήματά σου, αλλά καθορίζεται από την πειθαρχία σου.

Η έννοια της αποδέσμευσης από τον πόνο και την επιτυχία είναι ένα από εκείνα τα μηνύματα που μπορεί να είναι δύσκολο να αποδεχτούμε, αλλά είναι ζωτικής σημασίας για την προσωπική μας ανάπτυξη. Όταν προσκολλούμαστε στον πόνο ή στις επιτυχίες μας, κολλάμε σε εκείνη τη στιγμή, χωρίς να μπορούμε να προχωρήσουμε. Αφήνοντας τον εαυτό μας ελεύθερο, μπορούμε να ανοιχτούμε σε νέες εμπειρίες και νέες ευκαιρίες. Στην πραγματικότητα, θα πρέπει πάντα να περιμένετε πόνο και αποτυχία στην πορεία σας προς την επιτυχία, επειδή δεν είναι πιθανό να βρείτε την επιτυχία αμέσως.

Ένα από τα πράγματα που λέω σε πολλούς αλαζόνες ανθρώπους που δεν τους αρέσει να ακούνε για τη διαδικασία συγγραφής ενός καλού βιβλίου είναι ότι πρέπει να γράψετε 20 κακά βιβλία προτού μπορέσετε να γράψετε ένα καλό. Δεν τους αρέσει να το ακούνε αυτό επειδή είναι πολύ αλαζόνες για να το δεχτούν. Ψάχνουν για συντομεύσεις γιατί είναι πολύ τεμπέληδες και ηλίθιοι για να μάθουν. Και αυτή η στάση τους καθιστά άχρηστους ακόμη και στη διαδικασία να πάρουν μια απάντηση, οπότε δεν τους δίνω πολλή προσοχή και ενέργεια όταν απαντώ.

Από την άλλη πλευρά, ασκώ την αποστασιοποίηση όταν δεν αισθάνομαι την ανάγκη να απαντήσω σε όλους. Το μαθαίνουμε αυτό όταν συνειδητοποιούμε ότι οι περισσότεροι άνθρωποι με τους οποίους μιλάμε δεν ενδιαφέρονται για το τι τους λέμε και θα το θεωρήσουν ψέμα ή θα το ξεχάσουν εντελώς, πράγμα που με φέρνει σε ένα άλλο μάθημα που θέλω να μοιραστώ, το οποίο είναι ότι ένας τρόπος για να εξασκηθούμε στην αποστασιοποίηση είναι να αναστοχαζόμαστε τις δικές μας εμπειρίες και να μαθαίνουμε από αυτές. Στην αρχή, μπορεί να νιώθουμε ενοχές επειδή δεν ξέρουμε πώς να εξηγήσουμε τα πράγματα σε ανθρώπους που δεν καταλαβαίνουν. Μπορεί ακόμη και να νιώθουμε απογοήτευση μαζί τους. Όταν όμως αφήσουμε αυτή την ανάγκη να δικαιολογηθούμε, συνειδητοποιούμε ότι το να προσπαθούμε να εξηγήσουμε τα πράγματα στους άλλους είναι μια ψευδαίσθηση. Αυτοί είναι που χάνουν κάτι, όχι εμείς. Αν δεν μπορούν να καταλάβουν, είναι δικό τους πρόβλημα, όχι δικό μας.

Με τον ίδιο τρόπο, η επιτυχία μπορεί να είναι μια παγίδα. Είναι εύκολο να επικεντρωθούμε τόσο πολύ στην επίτευξη των στόχων μας που χάνουμε από τα μάτια μας το τι είναι πραγματικά σημαντικό. Μπορούμε να αναλωθούμε στη δική μας επιτυχία και ο εγωισμός μας μπορεί να μας οδηγήσει σε αποφάσεις που δεν είναι προς το συμφέρον μας. Αποστασιοποιούμενοι από την επιτυχία, μπορούμε να αποφύγουμε αυτή την παγίδα και να επικεντρωθούμε σε αυτό που πραγματικά έχει σημασία. Αυτό μπορεί να σημαίνει, για παράδειγμα, να δουλεύουμε στο σκοτάδι και να αγνοούμε τη δημόσια εικόνα μας. Η δημόσια εικόνα μας είναι σημαντική, αλλά όχι τόσο σημαντική σε σύγκριση με τον κόσμο όπου κανείς δεν μας βλέπει. Αλλά το να αφεθούμε ελεύθεροι δεν έχει να κάνει μόνο με την αποδέσμευση. Σημαίνει επίσης να αγκαλιάζουμε την αβεβαιότητα και να έχουμε πίστη. Η ζωή είναι απρόβλεπτη και μερικές φορές τα πράγματα δεν πάνε σύμφωνα με το σχέδιο. Αλλά αυτό δεν πειράζει. Αν έχουμε πίστη ότι τα πράγματα θα πάνε καλά στο τέλος, μπορούμε να αντιμετωπίσουμε τη ζωή με μια αίσθηση ηρεμίας και διαύγειας, ακόμη και μπροστά στην αβεβαιότητα. Το να έχουμε πίστη δεν σημαίνει να πιστεύουμε τυφλά ότι όλα θα πάνε καλά. Σημαίνει να εμπιστευόμαστε ότι, ό,τι κι αν συμβεί, έχουμε τη δύναμη και την ανθεκτικότητα να ξεπεράσουμε το πρόβλημα. Σημαίνει να γνωρίζουμε ότι, ακόμη και στις πιο σκοτεινές μας στιγμές, υπάρχει φως στην άκρη του τούνελ. Ένας τρόπος άσκησης της πίστης είναι να απαλλαγούμε από την ανάγκη να ελέγχουμε τα πάντα. Δεν μπορούμε να ελέγξουμε όλα όσα συμβαίνουν στη ζωή μας, αλλά μπορούμε να ελέγξουμε τον τρόπο με τον οποίο αντιδρούμε σε αυτά. Όταν αφήνουμε την ανάγκη να ελέγχουμε κάθε πτυχή της ζωής μας, μπορούμε να αντιμετωπίζουμε τη ζωή με μια αίσθηση ανοίγματος και περιέργειας, ανυπόμονοι να δούμε τι μας επιφυλάσσει το σύμπαν. Με αυτόν τον τρόπο, μπορούμε να αντιμετωπίζουμε κάθε μέρα με μια ανανεωμένη αίσθηση θαυμασμού και περιέργειας.

Κεφάλαιο 19: Αποδοχή των προκλήσεων

Αν μπορούσα να γυρίσω πίσω στο χρόνο, αυτό θα έλεγα στον 20χρονο εαυτό μου:

Θέλω να ξέρεις ότι όλοι σε έχουν προδώσει. Όλοι σου έχουν πει ψέματα και θα συνεχίσουν να το κάνουν. Αλλά μην αποθαρρύνεσαι. Ο δρόμος σου είναι ήδη καθορισμένος και δεν μπορείς να αλλάξεις αυτό που δεν πρέπει να αλλάξει. Εμπιστευτείτε το αυτό και πιστέψτε στον εαυτό σας! Ξέρω ότι μπορεί να φαίνεται ότι όλα είναι αβέβαια και ότι ο κόσμος είναι ένα τρομακτικό μέρος, αλλά μη φοβάστε, γιατί πάντα θα υπάρχει μια ανοιχτή πόρτα για εσάς.

Όσο σκοτεινά κι αν φαίνονται τα πράγματα και όσο απελπισμένοι κι αν νιώθετε, πάντα θα υπάρχει διέξοδος. Πιστέψτε στο αδύνατο, γιατί με τη σωστή στάση μπορεί να γίνει εφικτό!Κατά τη διάρκεια της ζωής σας, μπορεί να αντιμετωπίσετε περισσότερες προδοσίες και απογοητεύσεις, αλλά μη χάνετε την ελπίδα σας, γιατί στο τέλος όλα θα πάνε καλά. Δουλέψτε για τον εαυτό σας και τη στάση σας και τα υπόλοιπα θα ακολουθήσουν. Και όταν έρθει η κατάλληλη στιγμή, τα μάτια σας θα δουν αυτό που τώρα σας φαίνεται αόρατο.Να θυμάστε ότι δεν είστε κακοί που αγαπάτε τη ζωή σας, οπότε μην αφήσετε κανέναν να σας πει το αντίθετο και να σας κάνει να νιώσετε ένοχοι που δεν θέλετε να ζήσετε με άγνοια! Έχετε μεγάλες δυνατότητες και η επιτυχία σας εξαρτάται από εσάς. Δουλέψτε σκληρά και πιστέψτε στον εαυτό σας και θα πετύχετε ό,τι θέλετε!Δεν υπάρχουν όρια στο τι είναι εφικτό και, με τη σωστή στάση, μπορείτε να πετύχετε ό,τι θέλετε! Αλλά δεν είναι μόνο να έχεις τις γνώσεις, πρέπει να τις εφαρμόσεις. Να είστε δημιουργικοί με τις στρατηγικές σας και να βρίσκετε τρόπους να κάνετε περισσότερα σε λιγότερο χρόνο. Αυτοματοποιήστε και σχεδιάστε στρατηγικές και θα πετύχετε τους στόχους σας πιο γρήγορα απ' ό,τι νομίζατε ποτέ!

Διατηρήστε ανοιχτό μυαλό και αναζητήστε τη γνώση και τις νέες προοπτικές από τους ανθρώπους γύρω σας. Οι ευκαιρίες βρίσκονται πάντα μπροστά σας. Καλλιεργήστε την ικανότητα να τις βλέπετε και να τις διαχωρίζετε από όλα τα άλλα.

Κατά καιρούς θα συναντήσετε αντίσταση και όσο πιο γρήγορα προχωράτε, τόσο πιο βίαιη μπορεί να γίνει αυτή η αντίσταση. Αλλά ποτέ δεν είστε τόσο αδύναμοι όσο ο φόβος των άλλων ανθρώπων, γι' αυτό μην τους αφήσετε να σας ξεγελάσουν για τις δυνατότητές σας, γιατί το χρειάζονται αυτό πριν βρουν τη δύναμη να σας αντιταχθούν. Στην πραγματικότητα, μπορεί να χρειαστεί να είστε επιθετικοί κατά καιρούς, και οι άλλοι μπορεί να αισθάνονται ότι αυτό σας καθορίζει, αλλά είναι καλύτερα να σας καθορίζουν ως επιτιθέμενο παρά ως θύμα.

Αν δεν έχετε άλλη επιλογή, επιλέξτε να επιβιώσετε εστιάζοντας σε κάτι μεγαλύτερο από τον εαυτό σας, ακόμη και αν το μόνο που έχετε είναι ένα όνειρο. Και αν το μόνο που έχετε είναι ένα όνειρο, τότε ονειρευτείτε το κάθε μέρα και αγνοήστε τον κόσμο γύρω σας.Να θυμάστε ότι είστε ο κύριος του πεπρωμένου σας. Εμπιστευτείτε το μονοπάτι σας, πιστέψτε στον εαυτό σας και βάλτε την καρδιά και την ψυχή σας στο ταξίδι. Οι μεγαλύτερες αλλαγές στη ζωή συμβαίνουν όταν βλέπουμε τα πράγματα με νέο τρόπο και αφήνουμε πίσω μας ό,τι δεν μας εξυπηρετεί πλέον. Εμπιστευτείτε λοιπόν το μονοπάτι σας και αφήστε το να σας οδηγήσει στο μεγαλείο!

Κεφάλαιο 20: Βρίσκοντας δύναμη μπροστά στην αβεβαιότητα

Καθώς οι άνθρωποι τείνουν να υποθέτουν ότι είσαι τόσο σπουδαίος όσο ο πλούτος σου, με ρωτούν συχνά τι σκέφτομαι για τον πλούτο ή το να είσαι πλούσιος. Αν και πολλοί άνθρωποι συνδέουν τον πλούτο με το να έχεις πολλά χρήματα, εγώ δεν το βλέπω απαραίτητα έτσι. Για μένα, το να είμαι πλούσιος σημαίνει να μπορώ να ζήσω τη ζωή μου χωρίς να χρειάζεται να δουλεύω για τα χρήματα. Σημαίνει να έχω την ελευθερία να επιλέγω πώς περνάω τον χρόνο μου και να μπορώ να απολαμβάνω τα πράγματα που είναι σημαντικά για μένα, όπως η ευτυχία και τα ταξίδια.Έχω γνωρίσει ανθρώπους που μπορεί να είναι οικονομικά επιτυχημένοι, αλλά δεν τους θεωρώ πλούσιους επειδή εξακολουθούν να είναι κολλημένοι στη δουλειά και δεν μπορούν να απολαύσουν τον πλούτο τους. Για παράδειγμα, αν κάποιος έχει μια παμπ και ένα ακίνητο που νοικιάζει, οι άλλοι μπορεί να το θεωρούν πλούτο, αλλά αν το άτομο αυτό πρέπει ακόμα να εργάζεται για να συντηρεί αυτά τα περιουσιακά στοιχεία, δεν το θεωρώ πραγματικό πλούτο. Με τον ίδιο τρόπο, η κατοχή υλικών αγαθών δεν κάνει απαραίτητα κάποιον πλούσιο, αν δεν μπορεί να τα απολαύσει ή να τα μοιραστεί με άλλους.Για μένα, η οικογένεια είναι μια άλλη μορφή πλούτου. Ενώ άλλοι άνθρωποι μπορεί να ζηλεύουν την ελευθερία μου να ταξιδεύω και να εξερευνώ νέες ευκαιρίες, εγώ τονίζω το γεγονός ότι έχουν μια οικογένεια στην οποία μπορούν να βασιστούν, κάτι που εγώ δεν έχω. Για μένα, οικογένεια σημαίνει όχι μόνο βιολογικές σχέσεις, αλλά και πνευματικές σχέσεις με εκείνους που μας νοιάζονται και μας υποστηρίζουν.Αναγνωρίζω ότι διαφορετικοί άνθρωποι μπορεί να έχουν διαφορετικές προτεραιότητες όσον αφορά τον πλούτο. Αν και δεν εκτιμώ τόσο πολύ τα υλικά αγαθά, καταλαβαίνω ότι μπορούν να φέρουν ευτυχία βραχυπρόθεσμα. Ωστόσο, πιστεύω επίσης ότι η πραγματική ευτυχία και ο πλούτος προέρχονται από την επένδυση στο μέλλον μας, είτε μέσω της εκπαίδευσης, της υγείας ή, στην περίπτωσή μου, μέσω λογισμικού που μπορεί να με βοηθήσει να επιτύχω τους στόχους μου.Το να είσαι πλούσιος είναι επίσης σχετικό με τους στόχους και τις περιστάσεις μας. Ως κάποιος που εκτιμά την ελευθερία και τα ταξίδια, μπορεί να μη βλέπω την ανάγκη να έχω αυτοκίνητο και αντ' αυτού να επιλέξω να επενδύσω σε εμπειρίες όπως τα ταξίδια με πλοίο ή αεροπλάνο. Πρέπει επίσης να προσέχω τι παίρνω μαζί μου όταν ταξιδεύω, καθώς οι υπερβολικές αποσκευές μπορεί να με εμποδίσουν να βιώσω νέες ευκαιρίες.Τελικά, το να είσαι πλούσιος είναι ένας προσωπικός ορισμός που βασίζεται στις προτεραιότητές μας στη ζωή. Το κλειδί για να το πετύχουμε αυτό δεν είναι να συσσωρεύουμε περισσότερα, αλλά να ζούμε σκόπιμα και να επενδύουμε σε ό,τι είναι πραγματικά σημαντικό για εμάς. Για μένα, αυτό σημαίνει να ζω μια ζωή γεμάτη ελευθερία και να εκτιμώ τους ανθρώπους που το κάνουν αυτό δυνατό.Μπορεί να μην έχω παραδοσιακή οικογένεια, αλλά πιστεύω ότι έχω ευλογηθεί με άλλους τρόπους. Έχω μάθει να αποδέχομαι αυτά που δεν μπορώ να αλλάξω και να επικεντρώνομαι στην παρούσα στιγμή. Η ζωή είναι πολύ σύντομη για να ασχολούμαστε με αυτά που δεν έχουμε και είναι σημαντικό να εκτιμούμε αυτά που έχουμε.Όταν πρόκειται για την επιτυχία, οι περισσότεροι άνθρωποι πιστεύουν ότι ορίζεται από τη δουλειά τους ή την οικονομική τους κατάσταση. Αλλά η αλήθεια είναι ότι η επιτυχία είναι προσωπική και ορίζεται από τη δική σας ικανότητα να επιτύχετε τους στόχους σας. Ως συγγραφέας μπεστ σέλερ, έμαθα ότι η επιτυχία δεν είναι μυστήριο. Είναι θέμα χρόνου, στρατηγικής και γνώσης του τι θέλεις.

Η επιτυχία δεν έχει να κάνει μόνο με το να βγάζεις χρήματα. Σημαίνει να έχεις την ελευθερία να κάνεις ό,τι θέλεις, όποτε θέλεις, και να ζεις τη ζωή με τους δικούς σου όρους. Αληθινή επιτυχία σημαίνει να μπορείς να αγοράζεις οτιδήποτε χωρίς αυτό το ανησυχητικό συναίσθημα του «δεν έχω τον προϋπολογισμό μου» και να ανταλλάσσεις τα χρήματα με περισσότερο χρόνο.Πώς λοιπόν επιτυγχάνετε την επιτυχία με τους δικούς σας όρους; Όλα ξεκινούν με το να ορίσετε τι σημαίνει επιτυχία για εσάς.

Μην συγκρίνετε τον εαυτό σας με άλλους και μην βασίζετε τους στόχους σας σε αυτό που η κοινωνία σας λέει ότι είναι επιτυχία. Η επιτυχία είναι ένα προσωπικό ταξίδι και μοιάζει διαφορετική για κάθε άτομο. Το κλειδί είναι να δώσετε προτεραιότητα στις δικές σας ανάγκες και επιθυμίες και να θέσετε έναν στόχο για τον τρόπο ζωής που θέλετε να ακολουθήσετε. Ίσως αυτό να σημαίνει να έχετε μια μικρή επιχείρηση, να ταξιδέψετε στον κόσμο ή να περνάτε περισσότερο χρόνο με την οικογένειά σας. Ό,τι κι αν είναι αυτό, βεβαιωθείτε ότι είναι κάτι που σας κάνει πραγματικά ευτυχισμένους και ικανοποιημένους.Φυσικά, η επίτευξη των στόχων σας θα χρειαστεί χρόνο, στρατηγική και σκληρή δουλειά. Αλλά είναι σημαντικό να θυμάστε ότι δεν υπάρχει όριο στο ποσό των χρημάτων που μπορεί να κερδίσει κάποιος. Πιο σημαντική από τα χρήματα είναι η ελευθερία και η ανεξαρτησία σας.Πολλοί άνθρωποι πιστεύουν ότι επιτυχία σημαίνει να έχεις μια καλά αμειβόμενη δουλειά, αλλά αυτό δεν ισχύει πάντα. Έχω έναν φίλο που σπούδασε για να γίνει νοσοκόμος, αλλά τώρα καθαρίζει τουαλέτες επειδή πληρώνεται καλύτερα. Ο πλούτος μπορεί επίσης να βρεθεί σε απροσδόκητα μέρη, όπως η ενοικίαση πάγκων στο διαδίκτυο ή το άνοιγμα ενός μικρού εστιατορίου.

Κεφάλαιο 21: Ζώντας μια ζωή με νόημα

Η ζωή μπορεί να είναι προκλητική, απογοητευτική ή και καταθλιπτική για πολλούς από εμάς. Τι θα λέγατε όμως αν σας έλεγα ότι αυτές οι προκλήσεις έχουν σκοπό να σας διαμορφώσουν το άτομο που θέλει η κοινωνία να γίνετε;

Η διαδικασία ονομάζεται κρυστάλλωση - η διαμόρφωση του κόσμου γύρω σας ώστε να σας παγιδεύσει, διαμορφώνοντας ουσιαστικά το πεπρωμένο σας.

Γι' αυτό ο Βούδας είπε: «Η ζωή πρέπει να ζει χωρίς προσκόλληση».

Αυτό σημαίνει να έχετε επίγνωση ότι τίποτα δεν είναι μόνιμο και ότι αυτό που αναζητούμε μας αναζητά και αυτό που δημιουργούμε μας δημιουργεί.

Αυτό μπορεί να είναι ένα σκληρό χάπι για να το καταπιούμε, αλλά είναι το κλειδί για να καταλάβουμε γιατί προσελκύουμε τις προκλήσεις που συνοδεύουν τα καλά πράγματα που επιθυμούμε. Μπορώ σίγουρα να το επιβεβαιώσω αυτό - η ζωή μου ήταν γεμάτη από αγώνες που ήταν αδύνατο να προβλέψω. Αλλά οι δυσκολίες που αντιμετωπίζουμε έχουν σκοπό να μας φέρουν αντιμέτωπους με τους βαθύτερους φόβους και πόνους μας, ώστε να μπορέσουμε να αναπτυχθούμε και να εξελιχθούμε. Και δεν είναι μόνο οι εξωτερικές συνθήκες που διαμορφώνουν το ταξίδι μας. Ο εγκέφαλός μας και οι εμπειρίες μας φιλτράρουν την κρίση μας για την πραγματικότητα και επηρεαζόμαστε από το πώς οι άλλοι μας κάνουν να αισθανόμαστε και να αντιδρούμε. Είμαστε ατελή όντα που συνεχώς μαθαίνουμε και προσαρμοζόμαστε, αλλά αν παραμείνουμε συνειδητοί και συνεχίσουμε να κάνουμε το καλύτερο δυνατό, το μέλλον θα προσαρμοστεί στο παρόν μας.Καθώς μεγαλώνουμε και εξελισσόμαστε πνευματικά, συχνά αντιμετωπίζουμε περισσότερες προκλήσεις, ειδικά στις αλληλεπιδράσεις μας με τους άλλους. Οι άνθρωποι αντιδρούν στην ενέργειά μας χωρίς να γνωρίζουν γιατί μας αγαπούν ή μας μισούν. Μπορεί να μας μισούν απλώς επειδή η ενέργειά τους είναι πολύ χαμηλή και η παρουσία μας διαταράσσει το ενεργειακό τους πεδίο. Αλλά πρέπει να θυμόμαστε ότι ό,τι είναι διαφορετικό γίνεται πάντα αντιληπτό ως απειλή και όσο υψηλότερη είναι η δόνησή μας, τόσο περισσότερη αντίσταση θα αντιμετωπίσουμε.Μπορεί να είναι δύσκολο να αποδεχτούμε αυτόν τον τρόπο ζωής, αλλά μερικές φορές είναι αυτό που καλούμαστε να κάνουμε. Δεν επέλεξα να γίνω πνευματικός ηγέτης - ήταν μια ζωή που μου επιβλήθηκε από τις προκλήσεις που αντιμετώπισα. Αλλά την αποδέχτηκα, και με οδήγησε σε ένα μέρος μεγαλύτερης αυτογνωσίας και ειρήνης.Είναι σημαντικό να θυμόμαστε ότι ο χρόνος δεν τεντώνεται, δεν θα γίνουμε νεότεροι και ο θάνατος δεν θα μας περιμένει. Αλλά αν δούμε τη δουλειά μας ως έναν κύκλο στο πνευματικό μας ταξίδι, μπορούμε να βρούμε ανάπτυξη και νόημα σε όλες τις πτυχές της ζωής μας.

Να θυμάστε ότι καθώς προσαρμόζεστε στο περιβάλλον σας, το μελλοντικό περιβάλλον θα προσαρμοστεί σε εσάς. Επομένως, δεν υπάρχει τίποτα κακό σε αυτή τη διαδικασία, εκτός από την εμμονή σας σε αυτήν. Στην πραγματικότητα, η πιο επιζήμια διδασκαλία που μπορεί να σας δώσει κανείς είναι να επικεντρωθείτε στην παρούσα στιγμή. Αυτό είναι γελοίο! Αν θέλετε να προχωρήσετε σε μια νέα ζωή, θα επικεντρωθείτε σε μια μελλοντική στιγμή! Η ίδια μου η ζωή αποδεικνύει την αλήθεια αυτής της δήλωσης! Δεν γεννήθηκα σε μια οικογένεια ψυχοπαθών και ναρκισσιστών για να υποφέρω. Γεννήθηκα σε αυτήν για να μάθω την πνευματική μου μοναδικότητα και τη γνώση που κουβαλούσα ως ψυχή που στάλθηκε στη Γη από άλλα σύμπαντα για να τη διαφωτίσει.

Δεν ήταν εύκολος ο δρόμος, αλλά έπρεπε να τον ακολουθήσω. Έπρεπε να εσωτερικεύσω τον εαυτό μου για να δω ποιος είμαι, αλλιώς δεν θα μάθαινα ποτέ. Δεν γεννήθηκα σε μια χώρα που με παραποιούσε και με συκοφαντούσε για να με ταπεινώσει, αλλά για να καταλάβω ότι έπρεπε να φύγω αν ήθελα να βρω το ταξίδι μου σε αυτή τη ζωή και να μάθω από άλλους πολιτισμούς.

Ο κόσμος είναι ένα πολύπλοκο και όμορφο μέρος και τα ταξίδια μου επέτρεψαν να τον εκτιμήσω και να τον κατανοήσω πληρέστερα. Απορρίφθηκα από πολλές θρησκευτικές ομάδες, όχι επειδή δεν είχα το δικαίωμα στην αλήθεια, αλλά επειδή η αλήθεια ήταν ήδη μέσα μου. Ήταν ένα πικρό χάπι για να το καταπιώ στην αρχή, αλλά τελικά συνειδητοποίησα ότι η δική μου αλήθεια ήταν ανώτερη από τη δική τους. Αν με είχαν αποδεχτεί, δεν θα είχα ποτέ την ευκαιρία να πιέσω τον εαυτό μου και να ανακαλύψω το πλήρες δυναμικό μου.Με συκοφάντησαν και μου στέρησαν τη σοφία μου σε διάφορες δουλειές, όχι επειδή δεν ήμουν αρκετά έξυπνη για να κρατήσω μια δουλειά, αλλά επειδή υποτίθεται ότι ήμουν συγγραφέας. Συκοφαντήθηκα και απολύθηκα από πολλές δουλειές, όχι επειδή έπρεπε να πεινάσω, αλλά επειδή έπρεπε να μάθω να εμπιστεύομαι τον εαυτό μου.

Απορρίφθηκα από πολλές γυναίκες, όχι επειδή δεν άξιζα να αγαπηθώ, αλλά επειδή έπρεπε να συνειδητοποιήσω ότι ήμουν διαφορετικός από τους άλλους ανθρώπους στη Γη και ότι η οικογένεια που με μεγάλωσε δεν μου είχε μάθει να αγαπώ τον εαυτό μου. Έπρεπε να το μάθω κι αυτό. Έπρεπε να απομονωθώ για να το μάθω αυτό. Ήταν μια επώδυνη διαδικασία, αλλά μου επέτρεψε να κατανοήσω και να εκτιμήσω τη μοναδικότητά μου.Ήμουν οικονομικά ανάπηρη και φτωχή, όχι επειδή η πνευματικότητα το απαιτεί από όσους αναζητούν τον Θεό, αλλά επειδή ο Θεός ήθελε να ενισχύσω την πίστη μου. Ήταν μια ταπεινωτική εμπειρία, αλλά βγήκα ενισχυμένη.Δεν με σεβάστηκαν σε πολλές χώρες, όχι επειδή πολλοί άνθρωποι είναι ρατσιστές και κάνουν διακρίσεις σε βάρος των μεταναστών, αλλά επειδή έπρεπε να μάθω ότι δεν υπάρχει ελπίδα για όσους έχουν κλειστεί στο καβούκι της αλαζονείας και της απόλυτης βλακείας τους. Είναι απλώς οι ζωντανοί νεκροί. Τα ταξίδια ήταν πράγματι μια αποκαλυπτική εμπειρία που μου επέτρεψε να διευρύνω την οπτική μου για την ιστορία και την ανθρώπινη δυναμική, κατανοώντας παράλληλα τι μας κάνει να διαφέρουμε και τι να μοιάζουμε και με ποιον τρόπο.

Κεφάλαιο 22: Αποδεχόμενος την τέχνη της αποστασιοποίησης

Πολλοί άνθρωποι πιστεύουν ότι ο πόνος είναι απαραίτητο μέρος του πνευματικού ταξιδιού. Αλλά παρόλο που ο πόνος μας επιτρέπει να αντιμετωπίσουμε τους βαθύτερους φόβους και πόνους μας, δεν είναι τίποτα από μόνος του χωρίς ένα μονοπάτι που πρέπει να ανακαλυφθεί. Αυτό το μονοπάτι είναι η ουσία του πνευματικού μας ταξιδιού. Έτσι, ενώ είναι εύκολο να είμαστε ικανοποιημένοι με τη ζωή μας όταν τα πράγματα πάνε καλά, είναι σε περιόδους δυσκολιών που πραγματικά αναπτυσσόμαστε και εξελισσόμαστε. Χρειάζεται δύναμη για να αντιμετωπίσουμε και να ξεπεράσουμε τους εσωτερικούς μας δαίμονες, αλλά η ανταμοιβή αξίζει τον κόπο. Όταν αποδεχόμαστε τον πόνο, ανοίγουμε τον εαυτό μας σε μια βαθύτερη κατανόηση του εαυτού μας και του κόσμου γύρω μας. Ανακαλύπτουμε την εσωτερική μας δύναμη και μαθαίνουμε να εκτιμούμε τα απλά πράγματα στη ζωή.Όσοι είναι εφησυχασμένοι και ικανοποιημένοι δεν έχουν τίποτα να προσφέρουν στον κόσμο. Μόνο όσοι έχουν αντιμετωπίσει και ξεπεράσει τις αντιξοότητες μπορούν πραγματικά να κάνουν τη διαφορά. Έχουν τη γνώση και την εμπειρία για να βοηθήσουν άλλους που μπορεί να περνούν παρόμοιες δυσκολίες. Αλλά πρέπει να αντιμετωπίσουν τον υπόλοιπο κόσμο προτού το συνειδητοποιήσουν αυτό για τον εαυτό τους, και πολλοί από αυτούς έχουν χάσει τον δρόμο τους και τα έχουν παρατήσει. Κάποιοι μάλιστα αυτοκτόνησαν επειδή η αντιμετώπιση της πραγματικότητας ήταν πολύ επώδυνη για να την αντέξουν.Συνειδητοποίησα ότι πάντα είχα δικαίωμα στο σεβασμό, την αγάπη, το θαυμασμό, την αποδοχή και τον έπαινο. Αλλά επειδή δεν τα είχα, έπρεπε να περάσω από ένα διαφορετικό ταξίδι για να τα βρω, και αυτό το ταξίδι ήταν πολύ μεγαλύτερο απ' ό,τι θα μπορούσα να φανταστώ, απλώς και μόνο επειδή η ανθρώπινη ζωή είναι τόσο σύντομη. Είναι λοιπόν αλήθεια να πούμε ότι αρνούμενη στους άλλους την ευκαιρία να αλλάξουν, η ανθρωπότητα αρνείται στον εαυτό της την ευκαιρία να βελτιωθεί. Και γι' αυτό ο κύκλος της δυστυχίας επαναλαμβάνεται. Είναι η ανθρωπότητα που τον δημιουργεί ενάντια στον εαυτό της! Και δεν θα σταματήσει ποτέ μέχρι να αρχίσουμε να αναγνωρίζουμε τη σημασία εκείνων που δημιουργούν τις καλύτερες αλλαγές στον κόσμο.Δεν μιλάω απαραίτητα για μένα, αλλά για κάθε άτομο που έχει συνεισφέρει στον πλανήτη και έχει απορριφθεί, εξοστρακιστεί, ταπεινωθεί και αγνοηθεί για οποιονδήποτε λόγο. Τα ανθρώπινα όντα είναι πολύ δημιουργικά όταν πρόκειται να καταστείλουν την καινοτομία, αλλά πολύ ηλίθια όταν πρόκειται να την αποδεχτούν. Έτσι η ανθρωπότητα προοδεύει αργά και με μεγάλη προσπάθεια στους ώμους λίγων, ενώ οι υπόλοιποι παρακολουθούν παθητικά τη ζωή να τους προσπερνά.

Ξέρω ότι το πνευματικό μου ταξίδι απέχει πολύ από το τέλος του, αλλά συχνά αναρωτιέμαι για την αξία αυτού που κάνω, γιατί αν όχι για τα χρήματα, ποιος άλλος λόγος μπορεί να υπάρχει σε έναν κόσμο που δεν εκτιμά τη γνώση και μάλιστα δυσπιστεί απέναντι σε όσους τη μοιράζονται;

Οι άνθρωποι αγαπούν ό,τι αντικατοπτρίζει τις ναρκισσιστικές φιλοδοξίες τους, αλλά μισούν οτιδήποτε τους καταστρέφει με μια ισχυρή δόση πραγματικότητας. Ωστόσο, χωρίς αυτή την ισχυρή αντιπαράθεση με την πραγματικότητα, οι προσπάθειές τους δεν θα πλησιάσουν ποτέ τις ισχυρές ψευδαισθήσεις. Έτσι, ενώ κανείς δεν χρειάζεται να υποφέρει για να ανακαλύψει την αλήθεια, πρέπει να αντιμετωπίσετε την πραγματικότητα με ό,τι έχει να σας προσφέρει πριν μπορέσετε να δείτε την αλήθεια. Αυτή η αλήθεια είναι βυθισμένη στην ομορφιά του να ζούμε ένα πνευματικό ταξίδι μέσα από την επιθυμία μας για περισσότερη αγάπη, καλοσύνη, εκτίμηση, καινοτομία και ελευθερία.

Γλωσσάριο

Προσκόλληση: Ένας ισχυρός δεσμός ή συναισθηματική σύνδεση με κάτι ή κάποιον, που συχνά οδηγεί σε εξάρτηση και φόβο απώλειας. Για παράδειγμα, η προσκόλληση σε υλικά αγαθά ή σχέσεις μπορεί να εμποδίσει την προσωπική ανάπτυξη και ελευθερία.

Αυτοανακάλυψη: Η διαδικασία εξερεύνησης και κατανόησης της πραγματικής ταυτότητας, του σκοπού και των δυνατοτήτων του ατόμου. Η αυτοανακάλυψη περιλαμβάνει την ενδοσκόπηση, την προσωπική ανάπτυξη και την επιδίωξη των παθών και των φιλοδοξιών του ατόμου.

Κύκλοι της Συνείδησης: Τα τέσσερα στάδια της πνευματικής ανάπτυξης και της διαφώτισης, συμπεριλαμβανομένου του κύκλου του χρήματος, της γνώσης και της εμπειρίας- του κύκλου της ηθικής, της αρετής και της δεοντολογίας- του κύκλου της βούλησης, της πρόθεσης και του σκοπού- και του κύκλου των αναμνήσεων, των αντιδράσεων και των αποφάσεων.

Αποδέσμευση: Η ικανότητα να αφήνεις τις συναισθηματικές προσκολλήσεις ή συνδέσεις, επιτρέποντας μεγαλύτερη ελευθερία και ευελιξία στη ζωή. Η αποδέσμευση επιτρέπει στους ανθρώπους να αποδέχονται την αβεβαιότητα και να ζουν πληρέστερα στην παρούσα στιγμή.

Δαιμονικές συναντήσεις: Εμπειρίες που αφορούν αρνητικές ή κακόβουλες πνευματικές οντότητες, οι οποίες συνήθως χαρακτηρίζονται από αισθήματα φόβου, καταπίεσης ή κατοχής. Η προστασία από αυτές τις συναντήσεις μπορεί να αναζητηθεί μέσω της πίστης, της προσευχής και των πνευματικών πρακτικών.

Σκοτάδι: Οι αρνητικές ή επιβλαβείς πτυχές της ζωής και της ανθρώπινης φύσης, που συχνά εκδηλώνονται ως άγνοια, μίσος, μνησικακία ή ανήθικη συμπεριφορά. Η κατανόηση και το ξεπέρασμα του σκοταδιού είναι απαραίτητη για την πνευματική ανάπτυξη και τη διαφώτιση.

Πίστη: Πίστη σε κάτι που δεν μπορεί να φανεί ή να αποδειχθεί, συνήθως περιλαμβάνει εμπιστοσύνη σε μια ανώτερη δύναμη ή θεϊκή οντότητα. Η πίστη επιτρέπει στο άτομο να αφήσει τον φόβο, την αμφιβολία και το άγχος και να αγκαλιάσει το άγνωστο με αυτοπεποίθηση και ανθεκτικότητα.

Εσωτερική δύναμη: Η ανθεκτικότητα και το σθένος που επιτρέπουν στα άτομα να ξεπερνούν τις προκλήσεις, να αντιμετωπίζουν την αβεβαιότητα και να επιδιώκουν τους στόχους τους με αποφασιστικότητα και αυτοπεποίθηση. Η εσωτερική δύναμη καλλιεργείται μέσω της αυτογνωσίας, των πνευματικών πρακτικών και της αποδοχής των πραγματικών δυνατοτήτων του ατόμου.

Illuminati: Μια μυστική κοινωνία ή ομάδα ατόμων που πιστεύεται ότι κατέχει αρχαία σοφία και γνώση, συνήθως συνδέεται με θεωρίες συνωμοσίας και ισχυρισμούς για παγκόσμια επιρροή. Η αληθινή φύση και ύπαρξη των Ιλλουμινάτι αποτελεί αντικείμενο συζήτησης και εικασιών.

Διαφώτιση: Μια κατάσταση πνευματικής επίγνωσης και κατανόησης που χαρακτηρίζεται από εσωτερική γαλήνη, σοφία και βαθιά σύνδεση με το θείο. Η διαφώτιση επιτυγχάνεται γενικά μέσω της πνευματικής πρακτικής, της αυτογνωσίας και της κυριαρχίας των τεσσάρων κύκλων της συνείδησης.

Φαντασία: Η δημιουργική δύναμη μέσα σε κάθε άτομο που επιτρέπει τον οραματισμό και την εκδήλωση των επιθυμητών αποτελεσμάτων. Η φαντασία συνδέεται με το θείο και μπορεί να χρησιμοποιηθεί για τη διαμόρφωση της ζωής και της πραγματικότητας ενός ατόμου.

Ανασφάλεια: Η κατάσταση αβεβαιότητας ή ανασφάλειας για το μέλλον ή την έκβαση των γεγονότων. Η αποδοχή της αβεβαιότητας συνεπάγεται την αποδέσμευση από το φόβο, την αμφιβολία και την ανάγκη για έλεγχο και την εμπιστοσύνη στο άγνωστο με πίστη και ανθεκτικότητα.

Πνευματικό ταξίδι: Η προσωπική αναζήτηση για διαφώτιση, αυτογνωσία και βαθύτερη σύνδεση με το θείο. Το πνευματικό ταξίδι περιλαμβάνει το ξεπέρασμα των προκλήσεων, την υπέρβαση του σκότους και την υιοθέτηση των κύκλων της συνείδησης.

Συμπαντικοί νόμοι: Οι αρχές και οι δυνάμεις που διέπουν τον φυσικό κόσμο και την ανθρώπινη εμπειρία. Η κατανόηση και η ευθυγράμμιση με τους συμπαντικούς νόμους μπορεί να βοηθήσει τους ανθρώπους να εκδηλώσουν τις επιθυμίες τους και να ζήσουν μια πιο ολοκληρωμένη ζωή.

Ελευθερία: Η ικανότητα να ζείτε τη ζωή με τους δικούς σας όρους, χωρίς τους περιορισμούς των εξωτερικών προσδοκιών ή υποχρεώσεων. Η αληθινή ελευθερία περιλαμβάνει την οικονομική ανεξαρτησία, την προσωπική αυτονομία και την επιδίωξη των παθών και των στόχων του ατόμου.

Ηθική: Οι αρχές και οι αξίες που καθοδηγούν τη συμπεριφορά και τις αποφάσεις ενός ατόμου, συνήθως με βάση ηθικές, θρησκευτικές ή φιλοσοφικές πεποιθήσεις. Η ηθική αποτελεί βασικό συστατικό του κύκλου της ψυχής και της πνευματικής ανάπτυξης.

Δυναμικό: Οι ικανότητες, τα ταλέντα και οι δυνατότητες που ενυπάρχουν σε κάθε άτομο και περιμένουν να ανακαλυφθούν και να αναπτυχθούν. Το ξεκλείδωμα του δυναμικού του ατόμου περιλαμβάνει την αυτογνωσία, την προσωπική ανάπτυξη και την επιδίωξη των παθών και των στόχων του.

Σκοπός: Η συγκεντρωμένη και σκόπιμη χρήση των σκέψεων, των συναισθημάτων και των ενεργειών ενός ατόμου για την επίτευξη ενός συγκεκριμένου στόχου ή αποτελέσματος. Ο σκοπός αποτελεί βασικό συστατικό της σκόπιμης ονειροπόλησης και της εκδήλωσης των επιθυμιών.

Μετενσάρκωση: Η πεποίθηση ότι η ψυχή ή η συνείδηση ενός ατόμου μπορεί να ξαναγεννηθεί σε ένα νέο φυσικό σώμα μετά το θάνατο. Η μετενσάρκωση συνδέεται συχνά με την πνευματική ανάπτυξη, το κάρμα και τη συνέχιση του ταξιδιού προς τη διαφώτιση.

Μυστικές κοινωνίες: Οργανώσεις ή ομάδες που λειτουργούν μυστικά, συνήθως με κρυφές ατζέντες, τελετουργίες ή πεποιθήσεις. Μυστικές κοινωνίες υπήρξαν σε όλη τη διάρκεια της ιστορίας και επηρέασαν διάφορες πτυχές της κοινωνίας, της πολιτικής και του πολιτισμού.

Σκόπιμη ονειροπόληση: Η συνειδητή χρήση της φαντασίας και της πρόθεσης για την οπτικοποίηση συγκεκριμένων σεναρίων και την εκδήλωση επιθυμητών αποτελεσμάτων. Η στοχευμένη ονειροπόληση περιλαμβάνει τη συγκέντρωση σε μια συγκεκριμένη εικόνα ή συναίσθημα με σταθερή πρόθεση και συχνότητα.

Αληθινός πλούτος: Η κατανόηση ότι ο πλούτος δεν είναι απλώς υλικά αγαθά ή οικονομική επιτυχία, αλλά μάλλον μια κατάσταση εσωτερικής ολοκλήρωσης, ευτυχίας και προσωπικής ανάπτυξης. Ο αληθινός πλούτος περιλαμβάνει την υγεία, την ελευθερία και την επιδίωξη των παθών και του σκοπού σας.

Αίτημα αναθεώρησης βιβλίου

Αγαπητέ αναγνώστη,

Σας ευχαριστούμε που αγοράσατε αυτό το βιβλίο! Θα ήθελα πολύ να ακούσω νέα σας. Η συγγραφή μιας βιβλιοκριτικής μας βοηθά να κατανοήσουμε τους αναγνώστες μας και επηρεάζει επίσης τις αποφάσεις αγοράς άλλων αναγνωστών. Η γνώμη σας είναι σημαντική. Παρακαλώ γράψτε μια κριτική βιβλίου! Η καλοσύνη σας εκτιμάται πολύ!

Σχετικά με τον συγγραφέα

Ο Dan Desmarques είναι ένας διάσημος συγγραφέας με αξιοσημείωτη πορεία στον κόσμο της λογοτεχνίας. Με ένα εντυπωσιακό χαρτοφυλάκιο 28 μπεστ σέλερ στο Amazon, συμπεριλαμβανομένων οκτώ #1 μπεστ σέλερ, ο Dan είναι μια αξιοσέβαστη προσωπικότητα στον κλάδο. Αξιοποιώντας το υπόβαθρό του ως καθηγητής πανεπιστημίου ακαδημαϊκής και δημιουργικής γραφής, καθώς και την εμπειρία του ως έμπειρος σύμβουλος επιχειρήσεων, ο Dan προσφέρει έναν μοναδικό συνδυασμό τεχνογνωσίας στο έργο του. Οι βαθιές ιδέες του και το μεταμορφωτικό του περιεχόμενο απευθύνονται σε ένα ευρύ κοινό, καλύπτοντας θέματα τόσο διαφορετικά όσο η προσωπική ανάπτυξη, η επιτυχία, η πνευματικότητα και το βαθύτερο νόημα της ζωής. Μέσα από τα γραπτά του, ο Dan ενδυναμώνει τους αναγνώστες να απελευθερωθούν από τους περιορισμούς, να απελευθερώσουν το εσωτερικό τους δυναμικό και να ξεκινήσουν ένα ταξίδι αυτογνωσίας και μεταμόρφωσης. Σε μια ανταγωνιστική αγορά αυτοβοήθειας, το εξαιρετικό ταλέντο και οι εμπνευσμένες ιστορίες του Dan τον κάνουν να ξεχωρίζει ως συγγραφέα, παρακινώντας τους αναγνώστες να ασχοληθούν με τα βιβλία του και να ξεκινήσουν ένα μονοπάτι προσωπικής ανάπτυξης και διαφώτισης.

Επίσης γραμμένο από τον συγγραφέα

1. 66 Days to Change Your Life: 12 Steps to Effortlessly Remove Mental Blocks, Reprogram Your Brain and Become a Money Magnet

2. A New Way of Being: How to Rewire Your Brain and Take Control of Your Life

3. Abnormal: How to Train Yourself to Think Differently and Permanently Overcome Evil Thoughts

4. Alignment: The Process of Transmutation Within the Mechanics of Life

5. Audacity: How to Make Fast and Efficient Decisions in Any Situation

6. Breaking Free from Samsara: Achieving Spiritual Liberation and Inner Peace

7. Breakthrough: Embracing Your True Potential in a

Changing World

8. Christ Cult Codex: The Untold Secrets of the Abrahamic Religions and the Cult of Jesus

9. Codex Illuminatus: Quotes & Sayings of Dan Desmarques

10. Collective Consciousness: How to Transcend Mass Consciousness and Become One With the Universe

11. Creativity: Everything You Always Wanted to Know About How to Use Your Imagination to Create Original Art That People Admire

12. Deception: When Everything You Know about God is Wrong

13. Demigod: What Happens When You Transcend The Human Nature?

14. Discernment: How Do Your Emotions Affect Moral Decision-Making?

15. Design Your Dream Life: A Guide to Living Purposefully

16. Eclipsing Mediocrity: How to Unveil Hidden Realities and Master Life's Challenges

17. Energy Vampires: How to Identify and Protect Yourself

18. Fearless: Powerful Ways to Get Abundance Flowing into Your Life

19. Feel, Think and Grow Rich: 4 Elements to Attract Success in Life

20. Find Your Flow: How to Get Wisdom and Knowledge from God

21. Hacking the Universe: The Revolutionary Way to Achieve Your Dreams and Unleash Your True Power

22. Holistic Psychology: 77 Secrets about the Mind That They Don't Want You to Know

23. How to Change the World: The Path of Global Ascension Through Consciousness

24. How to Get Lucky: How to Change Your Mind and Get Anything in Life

25. How to Improve Your Self-Esteem: 34 Essential Life Lessons Everyone Should Learn to Find Genuine Happiness

26. How to Study and Understand Anything: Discovering The Secrets of the Greatest Geniuses in History

27. Intuition: 5 Keys to Awaken Your Third Eye and Expand Spiritual Perception

28. Legacy: How to Build a Life Worth Remembering

29. Master Your Emotions: The Art of Intentional Living

30. Mastering Alchemy: The Key to Success and Spiritual

42. Spiritual Warfare: What You Need to Know About Overcoming Adversity
43. Starseed: Secret Teachings about Heaven and the Future of Humanity
44. Stupid People: Identifying, Analyzing and Overcoming Their Toxic Influence
45. Technocracy: The New World Order of the Illuminati and The Battle Between Good and Evil
46. The 10 Laws of Transmutation: The Multidimensional Power of Your Subconscious Mind
47. The 14 Karmic Laws of Love: How to Develop a Healthy and Conscious Relationship With Your Soulmate
48. The 33 Laws of Persistence: How to Overcome Obstacles and Upgrade Your Mindset for Success
49. The 36 Laws of Happiness: How to Solve Urgent Problems and Create a Better Future
50. The Alchemy of Truth: Embracing Change and Transcending Time
51. The Altruistic Edge: Succeeding by Putting Others First
52. The Antagonists: What Makes a Successful Person Different?
53. The Antichrist: The Grand Plan of Total Global

Enslavement

54. The Art of Letting Go: Embracing Uncertainty and Living a Fulfilling Life

55. The Awakening: How to Turn Darkness Into Light and Ascend to Higher Dimensions of Existence

56. The Egyptian Mysteries: Essential Hermetic Teachings for a Complete Spiritual Reformation

57. The Dark Side of Progress: Navigating the Pitfalls of Technology and Society

58. The Evil Within: The Spiritual Battle in Your Mind Deception: When Everything You Know about God is W rong

59. The Game of Life and How to Play It: How to Get Anything You Want in Life

60. The Hidden Language of God: How to Find a Balance Between Freedom and Responsibility

61. The Most Powerful Quotes: 400 Motivational Quotes and Sayings

62. The Secret Beliefs of The Illuminati: The Complete Truth About Manifesting Money Using The Law of Attraction That is Being Hidden From You

63. The Secret Empire: The Hidden Truth Behind the Power

Elite and the Knights of the New World Order

64. The Secret Science of the Soul: How to Transcend Common Sense and Get What You Really Want From Life

65. The Spiritual Laws of Money: The 31 Best-kept Secrets to Life-long Abundance

66. The Spiritual Mechanics of Love: Secrets They Don't Want You to Know about Understanding and Processing Emotions

67. The Unknown: Exploring Infinite Possibilities in a Conformist World

68. The Narcissist's Secret: Why They Hate You (and What to Do About It)

69. Thrive: Spark Creativity, Overcome Obstacles and Unleash Your Potential

70. Transcend: Embracing Change and Overcoming Life's Challenges

71. Uncompromised: The Surprising Power of Integrity in a Corrupt World

72. Unacknowledged: How Negative Emotions Affect Your Mental Health?

73. Unapologetic: Taking Control of Your Mind for a

Happier and Healthier Life

74. Unbreakable: Turning Hardship into Opportunity

75. Uncommon: Transcending the Lies of the Mental Health Industry

76. Unlocked: How to Get Answers from Your Subconscious Mind and Control Your Life

77. Your Full Potential: How to Overcome Fear and Solve Any Problem

78. Your Soul Purpose: Reincarnation and the Spectrum of Consciousness in Human Evolution

Σχετικά με τον εκδότη

Το βιβλίο αυτό εκδόθηκε από την 22 Lions Publishing.

www.22Lions.com

Printed in the USA
CPSIA information can be obtained
at www.ICGtesting.com
CBHW071957291124
18173CB00045B/825

9 798330 483648